W0286174

oekom
verlag

Herausgegeben von oekom e.V. – Verein für ökologische Kommunikation

Dieses Buch wurde klimaneutral hergestellt.
CO_2-Emissionen vermeiden, reduzieren, kompensieren –
nach diesem Grundsatz handelt der oekom verlag.
Unvermeidbare Emissionen kompensiert der Verlag
durch Investitionen in ein Gold-Standard-Projekt.
Mehr Informationen finden Sie unter: www.oekom.de

ClimatePartner°
klimaneutral
Verlag | ID: 128-50040-1010-1082

Bibliografische Information der Deutschen Nationalbibliothek:
Die Deutsche Nationalbibliothek verzeichnet diese Publikation in der Deutschen Nationalbibliografie; detaillierte bibliografische Daten sind im Internet über http://dnb.d-nb.de abrufbar.

© 2015 oekom, München
oekom verlag, Gesellschaft für ökologische Kommunikation mbH
Waltherstraße 29, 80337 München

Umschlaggestaltung, Layout und Satz: Lone Nielsen
Lektorat: Helena Obermayr, Anke Oxenfarth

Druck: Kessler Druck + Medien, Bobingen
Gedruckt auf Circle matt White 100% Recycling von Arjo Wiggins/Igepagroup, zertifiziert mit dem Blauen Engel

Alle Rechte vorbehalten. Printed in Germany
ISBN: 978-3-86581-757-0

oekom e.V. – Verein für ökologische
Kommunikation (Hrsg.)

Nachhaltige Entwicklungsziele

Agenda für eine bessere Welt?

Mitherausgegeben von der Deutschen Gesellschaft
für Internationale Zusammenarbeit

politische ökologie | **Die Reihe für Querdenker und Vordenkerinnen**

Die Welt steht vor enormen ökologischen und sozialen Herausforderungen. Um sie zu bewältigen, braucht es den Mut, ausgetretene Denkpfade zu verlassen, unliebsame Wahrheiten auszusprechen und unorthodoxe Lösungen zu skizzieren. Genau das tut die *politische ökologie* mit einer Mischung aus Leidenschaft, Sachverstand und Hartnäckigkeit.

Die *politische ökologie* schwimmt gegen den geistigen Strom und spürt Themen auf, die oft erst morgen die gesellschaftliche Debatte beherrschen. Die vielfältigen Zugänge eröffnen immer wieder neue Räume für das Nachdenken über eine Gesellschaft, die Zukunft hat.

Herausgegeben wird die *politische ökologie* vom
oekom e.V. – Verein für ökologische Kommunikation.

Das Leben auf der Erde könnte so schön sein. Ist es aber für einen großen Teil der Weltbevölkerung wahrlich nicht. Noch immer hungern viel zu viele Menschen und leben in extremer Armut mit all ihren Folgen. Der Klimawandel und gewaltsame Auseinandersetzungen verschärfen vielerorts die prekäre Lage und zwingen die Menschen zur Flucht aus ihrer Heimat. Auch die Kluft zwischen armen und reichen Ländern wird eher größer als kleiner. All das soll sich in Zukunft ändern. Deshalb hat sich die Weltgemeinschaft zusammengerauft und Ende September die „Agenda 2030 für nachhaltige Entwicklung" verabschiedet, um allen Menschen ein Leben in Würde zu ermöglichen.

Die 17 „Ziele für Nachhaltige Entwicklung" (Sustainable Development Goals, SDGs) der Agenda treten Anfang 2016 in Kraft und lösen die acht Millenniums-Entwicklungsziele (Millennium Development Goals, MDGs) ab. Neu an den Zielen und ihren 169 Unterzielen ist neben der konsequenteren Verknüpfung von Armutsbekämpfung und Umweltschutz vor allem die Tatsache, dass sie nicht nur für die Entwicklungsländer, sondern für alle Staaten weltweit gelten. Getragen vom Gedanken der gemeinsamen Verantwortung für die Menschen und den Planeten haben sie das Potenzial, den Weg zu einer wirklich nachhaltigen Entwicklung überall auf der Welt zu beschleunigen.

So weit, so vielversprechend. Doch die eigentlichen Herausforderungen beginnen erst, wenn die globalen Ziele auf die nationale und lokale Ebene runtergebrochen und umgesetzt werden. Die Autor(inn)en der *politischen ökologie* klopfen die Agenda 2030 auf ihre Praxistauglichkeit ab. Dabei zeigt sich, dass auch die Industrieländer noch genügend Hausaufgaben zu erledigen haben, um auf dem Pfad zu einer sozial- und umweltverträglichen Lebens- und Wirtschaftsweise voranzukommen. Neben den Chancen globaler Kooperation in einer kulturell ausdifferenzierten Weltgesellschaft werden auch die Schwierigkeiten einer trans- und internationalen Zusammenarbeit deutlich, die bewusst partizipativ angelegt ist. Aber egal, wie man es dreht und wendet: Das 21. Jahrhundert wird ein Jahrhundert globaler Kooperation sein – oder ein Zeitalter weltweiter Instabilität und Konflikte.

Anke Oxenfarth
oxenfarth@oekom.de

Inhaltsverzeichnis

Impulse

Spektrum Nachhaltigkeit

Teil 8 zum Transatlantischen Freihandelsabkommen (TTIP)

Rubriken

Für ihr inhaltliches und finanzielles Engagement sowie die gute Zusammenarbeit danken wir der Deutschen Gesellschaft für Internationale Zusammenarbeit:

giz Deutsche Gesellschaft für Internationale Zusammenarbeit (GIZ) GmbH

Die Zivilgesellschaft macht's vor

„Manchmal, während der stumpfsinnigen Eintönigkeit einer formellen Debatte in der UN-Generalversammlung, bei der jeder Redner völlig vertraute und gleichbleibende Positionen vorzutragen scheint, kann es passieren, dass man eine tiefe existenzielle Verzweiflung über die Möglichkeit, jemals wirklichen Fortschritt bei der nachhaltigen Entwicklung zu erreichen, erlebt. Aber die Hoffnung keimt wieder auf, wenn man hört, dass der wirkliche Fortschritt im nötigen Nachhaltigkeitswandel in vielen Teilen der Welt von lokalen Gemeinschaften, zivilgesellschaftlichen Organisationen, Firmen und Akteuren aller Art vollbracht wird.
Moderierende Gruppen wie der Europäische Wirtschafts- und Sozialausschuss und die Beobachtungsstelle für nachhaltige Entwicklung haben bereits eine wichtige Rolle dabei gespielt, die Botschaften der Stakeholder hinsichtlich der Möglichkeiten der nachhaltigen Transformation in die Entscheidungsprozesse der etablierten Institutionen einfließen zu lassen. Des Weiteren haben sie dazu beigetragen, die vielen und verschiedenen Stakeholder-Partnerschaften, die dabei mitwirken, eine nachhaltigere Zukunft zu formen, aufzubauen und zu vertiefen.
Die Erschaffung der SDGs und deren Umsetzung eröffnet der Welt jetzt sowohl eine Herausforderung als auch der Menschheit eine Gelegenheit, einen weiteren Sprung vorwärts in Richtung einer nachhaltigeren Zukunft zu machen."

_ Aus: Osborn, Derek/Ullah, Farooq/Strandenaes, Jan-Gustav (2015): Building the Europe We Want: Models for Civil Society Involvement in the Implementation of the Post-2015 Agenda at the EU Level. European Economic and Social Committee, S. 5. Übersetzung: lh

„Die Dynamik der Diskussion, die sich seit dem Rio+20-Gipfel entsponnen hat, sollte uns alle ermutigen. Nicht einmal anderthalb Jahre später befindet sich die Welt bereits mitten in der Entwicklung eines neuen Paradigmas und einer neuen Agenda für nachhaltige Entwicklung."

Achim Steiner, Exekutivdirektor des
Umweltprogramms der Vereinten Nationen (UNEP)

	Die Ziele für nachhaltige Entwicklung	Realität 2015
	Armut in allen ihren Formen und überall beenden	Mehr als eine Milliarde Menschen muss zum Leben mit weniger als 1,25 US-Dollar am Tag auskommen. Sie gelten damit als extrem arm. 48 Länder auf der Welt werden von den Vereinten Nationen als besonders arm eingestuft.
	Den Hunger beenden, Ernährungssicherheit und eine bessere Ernährung erreichen und eine nachhaltige Landwirtschaft fördern	Über 800 Millionen Menschen hungern weltweit, weil sie zu wenig zu essen haben. Mehr als eine Milliarde Menschen ist chronisch mangelernährt, die meisten von ihnen leben in Entwicklungsländern. Jährlich sterben mehr als drei Millionen Kindern an den Folgen der Unterernährung.
	Ein gesundes Leben für alle Menschen jeden Alters gewährleisten und ihr Wohlergehen fördern	Obwohl inzwischen deutlich mehr Menschen als je zuvor Zugang zu grundlegender medizinischer Versorgung haben, bleibt viel zu tun, denn mindestens 400 Millionen Menschen weltweit sind davon noch ausgeschlossen.
	Inklusive, gleichberechtigte und hochwertige Bildung gewährleisten und Möglichkeiten lebenslangen Lernens für alle fördern	93 Prozent der Kinder weltweit besuchen eine Grundschule, in den Ländern mit niedrigen und mittleren Einkommen beenden allerdings 17 Prozent der Kinder die Grundschule nicht. Und nur 64 Prozent lernen in einer weiterführenden Schule. Mehr als 780 Millionen Erwachsene können nicht lesen und schreiben.
	Geschlechtergleichstellung erreichen und alle Frauen und Mädchen zur Selbstbestimmung befähigen	Im weltweiten Durchschnitt ist nur eine von fünf gewählten Volksvertretern eine Frau. Am besten ist es um die Chancengleichheit in Ausbildung, Beruf und Gesundheitsversorgung in Skandinavien bestellt, Schlusslichter sind der Jemen und Pakistan. Deutschland liegt auf Platz elf.
	Verfügbarkeit und nachhaltige Bewirtschaftung von Wasser und Sanitärversorgung für alle gewährleisten	768 Millionen Menschen auf der Welt fehlt der Zugang zu sauberem Trinkwasser. Über 40 Prozent von ihnen leben in Afrika südlich der Sahara und Südasien. 2,5 Milliarden müssen ohne sanitäre Anlagen auskommen.
	Zugang zu bezahlbarer, verlässlicher, nachhaltiger und moderner Energie für alle sichern	Rund 1,4 Milliarden Menschen sind von Energiearmut betroffen, weil sie keinen (ausreichenden) Zugang zur elektrischen Energie haben. Vor allem in den Entwicklungsländern kochen 2,7 Milliarden Menschen noch mit Holz, Holzkohle oder getrocknetem Dung. An den Rauchgasen sterben täglich fast 4.000 von ihnen.
	Dauerhaftes, breitenwirksames und nachhaltiges Wirtschaftswachstum, produktive Vollbeschäftigung und menschenwürdige Arbeit für alle fördern	Das Wirtschaftswachstum war auch 2014 sehr ungleich verteilt. Während es in Ländern, die unter kriegerischen Auseinandersetzungen leiden, negativ ist (Libyen -24%, Ukraine -6,8%, Irak -6,4%), wuchsen einige Entwicklungsländer sehr stark (Südsudan +36,2%, Äthiopien +9,9%). Eher niedrig war das Wachstum in Industrieländern (Frankreich +0,2%, Australien +2,5%, USA +2,4%).
	Eine widerstandsfähige Infrastruktur aufbauen, breitenwirksame und nachhaltige Industrialisierung fördern und Innovationen unterstützen	Gerade auf dem Land fehlt in Entwicklungs- und einigen Schwellenländern oftmals noch grundlegende Infrastruktur wie Verkehrswege und Transportmittel, die Bereitstellung von Trink- und Betriebswasser oder der gesicherte Zugang zu Energie. Das hemmt die wirtschaftliche Entwicklung.
	Ungleichheit in und zwischen Ländern verringern	Die reichsten 0,7 Prozent der Weltbevölkerung besitzen 45,2 Prozent des weltweiten Nettovermögens. Das Durchschnittsvermögen in US-Dollar beträgt in Afrika 4.536, in Europa 128.506 und in Nordamerika 342.302 pro Erwachsene(r).

Realität 2015

Schon heute lebt die Hälfte der Weltbevölkerung in Städten, davon rund 1,6 Milliarden mehr schlecht als recht in den Slums der großen Metropolen. Tendenz steigend. Städte haben weltweit den höchsten Energiebedarf.

Der globale Konsum steigt parallel zum rapiden Bevölkerungswachstum weiter an – und mit ihm der exorbitante Verbrauch der natürlichen Ressourcen. Vor dem Hintergrund, dass bereits schon jetzt vier der neun planetarischen Grenzen überschritten sind, ist das eine alarmierende Entwicklung.

Der Klimawandel verursacht bereits heute viel menschliches Leid und materielle Schäden, vor allem in den Ländern, die am wenigsten zu ihm beigetragen haben. Wird der CO_2-Ausstoß nicht signifikant gedrosselt, droht ein Meeresspiegelanstieg von 80 bis 180 Zentimeter.

Tropische Korallenriffe beheimaten ein bis drei Millionen Tierarten; mehr als 75 Prozent sind schon heute durch Ozeanversauerung, Überfischung oder Verschmutzung bedroht. 30 Prozent der globalen Fischbestände sind derzeit überfischt.

Mehr als die Hälfte der Regenwälder wurde bereits gerodet, weite Gebiete schwer geschädigt oder in viele kleine Waldinseln zerstückelt. Pro Jahr verschwinden etwa 10,4 Millionen Hektar Tropenwälder, davon 6,3 Millionen Hektar Primärwälder.

Um die Rechtstaatlichkeit ist es in den skandinavischen Ländern gut bestellt. In vielen anderen Staaten der Welt gibt es dagegen noch erhebliche Defizite bei der Achtung fundamentaler Rechte und der Korruptionsbekämpfung in Wirtschaft, Politik und Justiz.

Der politische Wille scheint vorhanden: Auf der dritten internationalen Konferenz über Entwicklungsfinanzierung vereinbarten die Regierungen im Juli 2015 in der „Aktionsagenda von Addis Abeba" rund 65 neue partnerschaftliche Initiativen.

Die Ziele für nachhaltige Entwicklung

Städte und Siedlungen inklusiv, sicher, widerstandsfähig und nachhaltig gestalten

Nachhaltige Konsum- und Produktionsmuster sicherstellen

Umgehend Maßnahmen zur Bekämpfung des Klimawandels und seiner Auswirkungen ergreifen

Ozeane, Meere und Meeresressourcen im Sinne nachhaltiger Entwicklung erhalten und nachhaltig nutzen

Landökosysteme schützen, wiederherstellen und ihre nachhaltige Nutzung fördern, Wälder nachhaltig bewirtschaften, Wüstenbildung bekämpfen, Bodendegradation beenden und umkehren und dem Verlust der biologischen Vielfalt ein Ende setzen

Friedliche und inklusive Gesellschaften für eine nachhaltige Entwicklung fördern, allen Menschen Zugang zur Justiz ermöglichen und leistungsfähige, rechenschaftspflichtige und inklusive Institutionen auf allen Ebenen aufbauen

Umsetzungsmittel stärken und die Globale Partnerschaft für nachhaltige Entwicklung mit neuem Leben erfüllen

_ Quellen: Credit Suisse Group AG (2015): Global Wealth Databook. Zürich; International Energy Agency (2015): World Energy Outlook 2015. London; World Health Organization (2015): World Health Statistics. Luxemburg. UNESCO (2015): Education for all 2000–2015: Achievements and Challenges. Paris; United Nations (2015): The Millennium Development Goals Report 2015; www.bp.com (Energy Economics / Statistical Review / 2014 in review); www.worldbank.org/indicators (Economy & Growth / GDP Growth annual %); www.Statista.com; www.eifer.kit.edu/energy-cities-and-territories; World Justice Project (2015): The Rule of Law Index 2015 Report.

„Lasst uns jetzt unsere Zukunft schaffen
und unsere Träume zur Realität von Morgen machen."

Malala Yousafzai, Kinderrechtsaktivistin
aus dem Swat-Tal in Pakistan,
Friedensnobelpreisträgerin von 2014

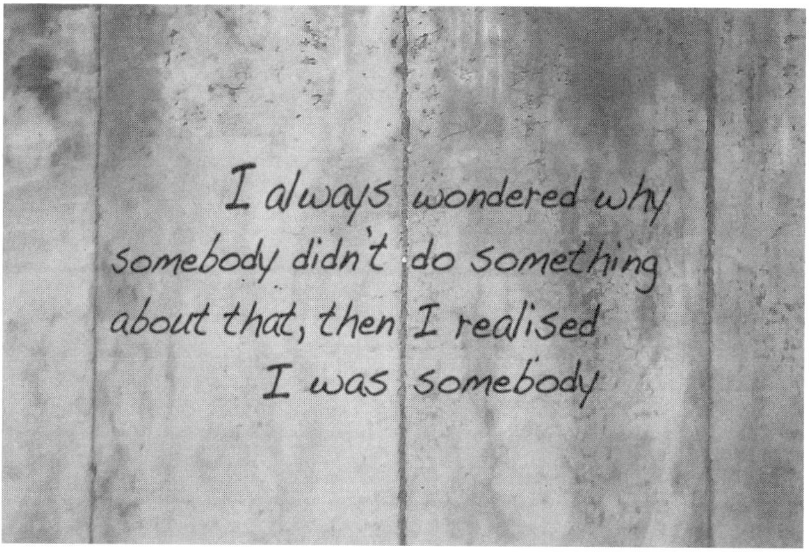

Lily Tomlin, US-amerikanische Schauspielerin, Autorin und Produzentin

CHEFSACHE

Mit der Verabschiedung der Agenda 2030 legt die internationale Staatengemeinschaft einen neuen Grundstein für die nachhaltige Entwicklung überall auf der Welt. Konsequent verknüpft sie die Bekämpfung der Armut mit umweltpolitischen Zielen und fördert eine verstärkte globale Partnerschaft. – Welche Schwächen der MDGs beseitigen die SDGs? Ermöglichen die globalen Ziele das Umsteuern auf ein nachhaltiges Wachstumsmodell? Welche Rolle spielen Zivilgesellschaft, Wissenschaft und Wirtschaft im Agenda-2030-Prozess?

Agenda 2030 und die Sustainable Development Goals

Gemeinsam für das Wohlergehen aller

Von Dirk Messner und Imme Scholz

Die Einigung auf 17 globale Nachhaltigkeitsziele läutet nicht nur eine neue Ära der Entwicklungszusammenarbeit ein. Ihre universelle Gültigkeit nimmt alle UN-Mitgliedstaaten in die Pflicht, dazu beizutragen, endlich die sozialen, ökologischen und ökonomischen Probleme auf der Welt zu lösen.

Im September 2015 haben die Vereinten Nationen eine neue Agenda für nachhaltige Entwicklung beschlossen, die bis 2030 umgesetzt werden soll. Ihr Herzstück bilden 17 nachhaltige Entwicklungsziele (Sustainable Development Goals, SDGs). Das Neuartige an dieser Agenda ist, dass sie die Verringerung von Armut und die Förderung menschlicher Wohlfahrt ausdrücklich an den Schutz der Umwelt bindet, und dass ihre Ziele für alle Länder verbindlich sein sollen und nicht, wie früher, nur den armen Ländern den Weg in eine bessere Zukunft weisen. Gleichzeitig ist sie das Ergebnis eines anderthalbjährigen Verhandlungsprozesses, an dem etwa 70 Regierungsvertreter(innen) beteiligt waren.

Aus unserer Sicht ist die neue Agenda 2030 für nachhaltige Entwicklung eine Chance, um zu vermeiden, dass (noch) mehr Wohlstand auf Kosten der natürlichen Lebensgrundlagen erreicht wird. Die Agenda reflektiert die Einsicht, dass ein Überschreiten der Grenzen des Erdsystems durch ressourcen- und emissionsintensives Wachstum die Existenzgrundlagen der Ärmsten sowie die Lebensgrundlagen zukünftiger Generationen gefährdet. Die Agenda 2030 kann nur mit einem hohen Maß internationaler Kooperation Erfolg haben. Zugleich ist sie eine Chance, um ein günstigeres Klima für internationale Kooperation zu befördern. Den Anstoß zu den SDGs hatte die UN-Konferenz zu nachhaltiger Entwicklung 2012 in Rio de Janeiro (Rio+20) gegeben: Sie hatte zur Formulierung gemeinsamer Ziele aufgerufen und vorgeschlagen, sie in die neue globale Entwicklungsagenda ab 2015 einzugliedern. Damit knüpfte die Rio+20-Konferenz an den Erfolg an, den die Millenniumsentwicklungsziele (Millennium Development Goals, MDGs) in Teilbereichen erlangt hatten. Die MDGs wollten in den Ländern des Südens Verbesserungen in den Bereichen Einkommensarmut, Gesundheit, Bildung, Wasserversorgung erwirken und sahen dafür quantifizierte Ziele vor, die bis 2015 umgesetzt werden sollten. Vom Norden wurde dafür vor allem entwicklungspolitische Unterstützung erwartet (vgl. S 27 ff.). In der Tat gelang es, mit den MDGs zusätzliche Mittel zu mobilisieren und das gemeinsame Handeln von Gebern und Partnern zu fokussieren. Nach 15 Jahren ist einiges erreicht worden, vor allem bei Bildung und Gesundheit. Das starke Wirtschaftswachstum vor der Finanzmarktkrise, insbesondere, aber nicht nur in China, hat auch zur Verringerung der extremen Armut beigetragen.

Dringend gebraucht: ein universeller Ansatz

Ökologische Aspekte hingegen kamen bei der Umsetzung der MDGs systematisch zu kurz und so sieht die Bilanz nach 15 Jahren auch aus. Die Treibhausgasemissionen und der Ressourcenverbrauch sind global enorm gestiegen, anstatt zu fallen, das Artensterben wurde nicht aufgehalten, der Druck auf die Ökosysteme wächst – Natur- und Nachhaltigkeitswissenschaftler(innen) warnen vor Kipppunkten im Erdsystem. (2) Zwar haben mehr Menschen Zugang zu sauberem Trinkwasser, die Bewirtschaftung der Wasserressourcen insgesamt wurde aber nicht verbessert.

Die Rio+20-Konferenz hatte sich zum Ziel gesetzt, dagegen vorzugehen. Das Konzept der nachhaltigen Entwicklung, das bei den MDGs kaum eine Rolle gespielt hatte, sollte wieder wirksam werden. Die SDGs sollten damit der Einsicht Rechnung tragen, dass menschliche Entwicklung ohne Umweltschutz auf Sand gebaut ist respektive dass ein ungebremster Klimawandel und Artenverlust menschliche Wohlfahrt weltweit untergraben und unmöglich machen würden. Für eine nachhaltige Entwicklung reicht jedoch eine herkömmliche Nord-Süd-Kooperationsagenda nicht aus, denn

> **„Ein detaillierter Blick auf Ziele und Unterziele zeigt Widersprüche innerhalb und zwischen verschiedenen Zielbündeln auf.“**

der grundlegende Umbau der Natur-Gesellschaft-Beziehungen muss insbesondere in den reichen Ländern, die den höchsten Umweltverbrauch haben, stattfinden. Auch die großen Schwellenländer erreichen mit steigendem Wohlstand kritische Verbrauchsgrößen im Umweltbereich. Besonders deutlich wird dies bei den Treibhausgasemissionen Chinas. Gleichzeitig stellt sich auch in den alten Industrieländern die Frage nach Einkommensungleichheiten wieder neu; zusätzliche Herausforderungen wie der demografische Wandel oder die Digitalisierung der Wirtschaft sind für reiche wie arme Gesellschaften zu bewältigen.

Aus der Sicht nachhaltiger Entwicklung ist es also unsinnig, Ziele nur für die Entwicklungsländer festzuschreiben. Notwendig ist ein universeller Ansatz, der die Länder in ihren Binnenpolitiken und in ihren Außenbeziehungen fordert. Denn nach wie vor sind die Industrieländer auch als Kooperationspartner unverzichtbar: Sie verfügen über den Löwenanteil der weltweit vorhandenen Wissens-, Forschungs- und Innovationskapazitäten, mit denen sich Produktions- und Konsummuster umweltverträglicher gestalten lassen (vgl. S. 55 ff.). Entwicklungsländer sind auf diese Kapazitäten angewiesen, wollen sie bei dem anstehenden Transformationsprozess dabei sein.

Die Auswirkungen globaler Machtverschiebungen

Dass die SDGs im Rahmen inter-gouvernementaler Verhandlungen erarbeitet wurden und dass sie vor allem durch nationale Strategien und Politiken umgesetzt werden sollen, spiegelt aus unserer Sicht die ökonomischen und politischen Machtverschiebungen der letzten Dekade wider. Die MDGs waren von entwicklungspolitischen Expert(inn)en festgelegt worden. Die Entwicklungsländer hatten darauf keinen Einfluss. Seit 2000 hat sich die wirtschaftliche Lage vieler Entwicklungsländer jedoch geändert. Die Mehrheit der Entwicklungsländer, nämlich 105, gehört nun zur Gruppe der Länder mit einem niedrigen oder hohen mittleren Pro-Kopf-Ein-

kommen. Die Hälfte des Bruttoinlandsprodukts (BIP) der Welt stammt aus Entwicklungsländern. 2014 übertraf das BIP von Brasilien, China, Indien, Indonesien, Mexiko, Russland und der Türkei zusammen das der G7-Staaten. Im Süden entstehen neue globale Mittelschichten. Daraus erwächst auch ein stärkeres politisches Gewicht der Entwicklungs- und Schwellenländer. Die alten Industrieländer haben damit ihre Machtposition verloren, die es ihnen noch im Jahr 2000 erlaubte, Entwicklungsziele definieren zu lassen – für die Entwicklungsländer. Im Verhandlungsprozess hatten diese globalen Machtverschiebungen ambivalente Wirkung: Zum einen traten die Entwicklungsländer mit einem sehr starken Selbstbewusstsein auf. Zum anderen legten die großen Schwellenländer aber weiterhin großen Wert darauf, zur Gruppe der Entwicklungsländer zu gehören und ließen sich nicht auf die Forderung der Industrieländer ein, größere Verantwortung für das globale Gemeinwohl zu übernehmen.
Insofern bilden die vorliegenden 17 Nachhaltigkeitsziele und 169 Unterziele den politischen Kompromiss, der 2014/15 in der internationalen Staatengemeinschaft möglich gewesen ist. Wichtig dabei ist: Die SDGs verkörpern gegenwärtig die einzige auf weltweitem Konsens basierende multilaterale Agenda mit einem positiven gestalterischen Anspruch, der sich auf die wesentlichen Dimensionen von menschlichem Wohlstand bezieht: die soziale, die ökologische, die ökonomische und die politische Dimension. Dass dies in einer von erheblichen Machtverschiebungen, zunehmender Ungleichheit und gewalttätig ausgetragenen Konflikten gekennzeichneten internationalen Gemeinschaft möglich ist, ist bemerkenswert und bereits ein Wert an sich.

Die Kernelemente der Agenda

Die Präambel der Agenda benennt auf einer Seite in knapper Sprache ihre übergeordneten Ziele: Wohlergehen aller Menschen („People"), Schutz der Erdökosysteme („Planet"), Wohlstand und Fortschritt in Harmonie mit der Natur („Prosperity"), Sicherung des Friedens („Peace") und eine gestärkte internationale Zusammenarbeit („Partnership"). Es ist der Präambel gelungen, die Interdependenzen zwischen diesen fünf Bereichen präzise und kurz zu benennen, womit sie integriertem Denken und Handeln einen wichtigen Dienst erweist.
Bei den 17 Zielen lassen sich drei Cluster unterscheiden:

- Die Ziele 1 bis 5 (Armut; Ernährung; Gesundheit; Bildung; Gender) sowie 7 bis

10 (Energie; Wachstum und Beschäftigung; Infrastruktur, Industrialisierung, Innovation; Ungleichheit) lassen sich der Kategorie „People" zuordnen, denn sie sollen direkten und indirekten menschlichen Bedürfnissen dienen.

- Vier Ziele decken eine Kombination von „People" und „Planet" ab: die integriert formulierten Ziele 6 (Wasser) und 11 (Städte) sowie die Ziele 16 (friedliche und inklusive Gesellschaften) und 17 (globale Partnerschaft), die auf Institutionen und systemische Anforderungen an ein nachhaltiges Management der (globalen) Gemeingüter gerichtet sind. Da auch Ziel 2 (Ernährung) Aussagen zur ökologischen Dimension und Resilienz der Agrarwirtschaft macht, könnte es ebenfalls zu diesem Cluster zählen.
- Hinzu kommen vier Ziele, die vordringlich dem Wohl des Planeten, dem Schutz des Erdsystems, gewidmet sind: Ziel 12 bis 15 (Konsum- und Produktionsmuster; Klimawandel; Ozeane; Landökosysteme und Biodiversität).

Viele der Probleme, die gelöst werden müssen, um das Wohlergehen von Menschen sowie Pflanzen und Tieren auch für zukünftige Generationen zu sichern, lassen sich nicht einer der drei Dimensionen nachhaltiger Entwicklung zuordnen, sondern erfordern integrierte Ansätze, die den Blick auf die Wechselwirkungen zwischen Zielen und Politikfeldern lenken und Zielkonkurrenzen identifizieren und bearbeiten. Insofern ist ein Abzählen nach Dimensionen nicht ausreichend, um zu erkennen, ob die Agenda 2030 von einer angemessenen Problemsicht geleitet ist.

Das Wachstumsmantra durchzieht die Agenda

Ein detaillierter Blick auf Ziele und Unterziele zeigt daher Widersprüche innerhalb und zwischen verschiedenen Zielbündeln auf. Ein Beispiel ist Ziel 8, das „[d]auerhaftes, breitenwirksames und nachhaltiges Wirtschaftswachstum, produktive Vollbeschäftigung und menschenwürdige Arbeit für alle" fordert: Diese Teilziele spiegeln die Unterziele von Ziel 8 zwar wider, sie lassen aber unter den Tisch fallen, dass das Wirtschaftswachstum per se ökologisch nachhaltig und inklusiv sein sollte - abgesehen von der grundsätzlichen Frage, ob anhaltendes Wachstum nicht in vielen Sektoren ab einem gewissen Zeitpunkt an physische Grenzen stößt (vgl. S. 48 ff.). Auch die Formulierung der Unterziele, die sicherstellen sollen, dass Wirtschaftswachstum vom Ressourcenverbrauch entkoppelt wird, ist nicht ambitioniert, sondern eher vage.

Die Bedeutung der internationalen Kooperation wird nicht nur mit Blick auf die finanziellen Mittel zur Umsetzung erwähnt. Die Ziele 17 und 9 betonen, dass die Kooperation in den Bereichen Forschung sowie Technologieentwicklung und -bereitstellung dringend verstärkt werden müsse. Dies ist schon für eine herkömmliche Modernisierungsstrategie erforderlich, umso mehr für einen nachhaltigen Umbau von Produktion und Konsum. Wissens- und innovationsstarke Wirtschaften und Gesellschaften haben dafür bessere Voraussetzungen, wie die Beispiele von Deutschland oder Südkorea zeigen. Beide Länder haben diese Fähigkeiten im Zuge einer erfolgreichen Industrialisierung und eines enormen Wachstums des wirtschaftlichen Outputs aufgebaut. Viele Länder mit niedrigem oder mittlerem Einkommen sehen daher die Kopie dieses Prozesses nach wie vor als Voraussetzung dafür, um zu einer ökologischen Modernisierung oder einer Transformation in der Lage zu sein. Dieses Denken durchzieht auch die Agenda.

„Auch quantifizierte Indikatoren sind keine Garantie, um gesellschaftlich umstrittene Ziele schneller zu erreichen."

Die internationale Zusammenarbeit muss daher einen viel stärkeren Schwerpunkt als bisher darauf legen, den Entwicklungsländern den Anschluss an die Wissensgesellschaft zu ermöglichen, um das Ziel eines erhöhten Wohlstands für alle innerhalb der Grenzen des Erdsystems zu erreichen.

Zwei Schlüsselbegriffe fehlen allerdings: die „Dekarbonisierung" von Produktion und Konsum, also der sukzessive Verzicht auf die Nutzung fossiler Energieträger, der in der G7-Erklärung von Elmau bereits verankert wurde, sowie die „planetaren Grenzen". (3) Auch fehlen häufig die Benennung und Bearbeitung von Ursachen hinter den zu lösenden Problemlagen. So werden bei Ziel 15 (terrestrische Ökosysteme) die treibenden Faktoren hinter Wald- und Biodiversitätsverlusten – wie Siedlungsstrukturen, extensive Landwirtschaft, Chemikalieneinsatz, Ernährungsmuster der oberen Hälfte der Weltbevölkerung - nicht benannt, und es wird auch vernachlässigt, dass allein die verstärkte Bereitstellung von finanziellen Ressourcen für den Biodiversitätsschutz keinen Erfolg garantiert (vgl. S. 42 ff.).

Stolpersteine bei der Umsetzung

Die hohe Anzahl von Zielen und Unterzielen der Agenda birgt das Risiko, dass die Staaten selektiv bei der Erarbeitung ihrer nationalen Agenden vorgehen und damit nur bruchstückhaft zur Umsetzung beitragen (vgl. S. 35 ff.). Ein weiteres Risiko liegt in der unklaren Formulierung einer Reihe von Zielen und Unterzielen und der damit verbundenen Schwierigkeit, eindeutige Indikatoren zu definieren, mit denen sich Fortschritte messen lassen. Die enormen Lücken in der statistischen Datenerhebung werden es erschweren, nationale und globale Veränderungen zu messen (vgl. S. 82 ff.). Hinzu kommen Ziele, für die quantitative Indikatoren unpassend sind - hier wird es notwendig sein, qualitative Bewertungen von Veränderungen zu dokumentieren. Aber wie die Erfahrung zeigt, sind auch quantifizierte Indikatoren keine Garantie, um gesellschaftlich umstrittene Ziele schneller zu erreichen. Ein Beispiel ist das MDG 5: Das Ziel, die Müttersterblichkeit um drei Viertel zu reduzieren, wurde verfehlt. Die geringe gesellschaftliche Stellung von Frauen und ihre rechtliche Benachteiligung in vielen Entwicklungsländern bildete eine zu große Hürde. Ein Beispiel aus Deutschland ist das nicht erfüllte Ziel „Arten erhalten - Lebensräume schützen" der deutschen Nachhaltigkeitsstrategie. Die Bedingungen für die Artenvielfalt im Agrarland und an den Küsten hatten sich seit 2001 deutlich verschlechtert.
In vielen Industrieländern wird ein Risiko darin bestehen, dass die Agenda 2030 als Aufgabe der internationalen Umweltpolitik und der Entwicklungszusammenarbeit wahrgenommen wird. Auch in Deutschland war dies lange so. Tatsächlich aber sollen die SDGs nicht nur eine neue Ära der Entwicklungszusammenarbeit einläuten, sondern einen gemeinsamen Zielhorizont bis 2030 für alle Mitgliedstaaten der Vereinten Nationen aufspannen. Dazu braucht es, so die Ansicht der UN-Arbeitsgruppe sowohl entschiedenes Handeln auf nationaler Ebene als auch eine verstärkte globale Zusammenarbeit. Deutschland ist im internationalen Vergleich fortgeschritten, wenn es um die Umsetzung der Agenda 2030 geht (vgl. S. 82 ff., 100 ff.). In zwei

Kabinettsbeschlüssen hat die Bundesregierung festgehalten, dass die SDGs in die gemeinsame Verantwortung aller Ressorts fallen. Der Staatssekretärsausschuss hat festgestellt, dass die deutsche Nachhaltigkeitsstrategie einen wesentlichen Rahmen für die Umsetzung bildet. Ende Oktober beginnt eine Reihe von fünf Konsultationen des Kanzleramts in Kooperation mit den Bundesländern zu der Frage, welche Ziele und Indikatoren zukünftig enthalten sein und wie dabei die SDGs berücksichtigt werden sollten. Die neue Nachhaltigkeitsstrategie soll im Herbst 2016 verabschiedet werden.

Aus der Sicht der Agenda 2030 sollte sich die deutsche Nachhaltigkeitsstrategie ebenfalls einen Zeitrahmen bis mindestens 2030 setzen. Sie sollte vorsehen, dass zu allen Zielen und Unterzielen berichtet wird; gleichzeitig sollte sie aber deutliche eigene Schwerpunkte setzen, die transformative Politiken ermöglichen: für ein nachhaltiges Wohlergehen der Menschen in Deutschland und Europa, für eine Verringerung der negativen Auswirkungen deutscher Politiken in der Welt (respektive eine Steigerung der positiven Wirkungen) und für eine Unterstützung gemeinsamer internationaler Anstrengungen sowie des Handelns von Entwicklungsländern.

Alle Ressorts müssen ran

Deutschland hat in den zurückliegenden Verhandlungen stets ambitionierte, integrierte Ziele und einen umfassenden Zielkatalog vertreten. Daran sollte sich das Land auch mit seiner eigenen Nachhaltigkeitsstrategie messen lassen. Es sollte innovative Indikatoren entwickeln und nutzen. Es sollte die Aufforderung an alle Ressorts richten, gemeinsame Zielverantwortungen festzuschreiben, um ressortübergreifend integriertes Handeln voranzutreiben – nicht alle zusammen, sondern zwei bis drei Schlüsselressorts für jeweils einzelne Ziele, also beispielsweise Umwelt und Landwirtschaft für eine nachhaltige Nahrungsmittelproduktion und den Schutz der Artenvielfalt.

Schließlich sollten mit der neuen Nachhaltigkeitsstrategie, ihren Zielen und Indikatoren auch die Ressorts darlegen, mit welchen Maßnahmen und Initiativen sie bezwecken, ihre Ziele zu erfüllen. Damit wäre an politischer Klarheit und Glaubwürdigkeit gewonnen und ein Mehrwert gegenüber der bisher nur nachträglichen Berichterstattung erreicht. Darüber hinaus sollte auch eine Plattform geschaffen werden, auf der nicht-staatliche Akteure ihre Umsetzungsinitiativen einbringen und über Fort-

schritte berichten können (vgl. S. 48 ff.). Damit würde deutlich, dass gesellschaftliches und privatwirtschaftliches Handeln erforderlich ist und geschätzt wird.
Es ist ein wichtiges Signal, dass Deutschland bereit ist, zu den ersten Ländern zu gehören, die bei den Vereinten Nationen zu Planung und Stand der Umsetzung berichten und sich den Kommentaren und Empfehlungen anderer Regierungen stellen. Deutschland hat sehr gute Voraussetzungen, nicht nur um dabei gut abzuschneiden, sondern um damit auch anderen Ländern Hinweise zu geben, wie sich Fortschritte für menschliches Wohlergehen in den Grenzen des Erdsystems erreichen lassen.

Anmerkungen

(1) Dieser Artikel basiert auf dem Beitrag „Die 2030 Agenda - eine Chance für die Stärkung internationaler Kooperation" in der Serie KfW Development Research 2/2015.
(2) Wissenschaftlicher Beirat der Bundesregierung Globale Umweltveränderungen (WBGU) (2014): Zivilisatorischer Fortschritt innerhalb planetarischer Leitplanken. Ein Beitrag zur SDG-Debatte. Politikpapier 8. Berlin.
(3) Brandi, Clara/Messner, Dirk: Was folgt auf die Millenniumsentwicklungsziele? In: Zeitschrift für Politikwissenschaft 4/2014, S. 513-525.

Wie lautet Ihr ganz persönliches Nachhaltigkeitsziel?

a) Nachhaltigkeit bedeutet: erdsystemverträgliche Entwicklung, Armutsbekämpfung, Reduzierung von Ungleichheiten.
b) Meinen Sohn und Mann nicht nur davon zu überzeugen, dass weniger Fleisch zu essen gut ist, sondern sie dazu zu bringen, selber anders zu kochen!

Zum Autor, zur Autorin

a) Dirk Messner, geb. 1962, ist Direktor des Deutschen Instituts für Entwicklungspolitik und stellv. Vorsitzender des WBGU.
b) Imme Scholz, geb. 1964, Volkswirtin, ist stellv. Direktorin des Deutschen Instituts für Entwicklungspolitik.

Kontakt

Prof. Dr. Dirk Messner, Dr. Imme Scholz
Deutsches Institut für Entwicklungspolitik
E-Mail Dirk.Messner@die-gdi.de,
imme.scholz@die-gdi.de

Von den MDGs zu den SDGs

Wie die Nachhaltigkeitsziele in die Welt kamen

Von Julia Kercher

Bemerkenswert an der Aushandlung der SDGs ist, dass sich alle Beteiligten auf neue Formen der Zusammenarbeit eingelassen haben. Insbesondere die Einbindung der Zivilgesellschaft hat dafür gesorgt, dass auch sensible Themen wie Gewalt und Diskriminierung verankert wurden.

Derzeit beschränken sich die meisten Berichte über die neuen Nachhaltigkeitsziele auf die 17 Ziele und 169 Unterziele und die Vermutung, dass es sich dabei um eine unrealistische Wunschliste der Vereinten Nationen handeln müsse. (1) Die Frage, wie die SDGs entwickelt wurden, was diese für Deutschland und Europa bedeuten und inwieweit sie einen Fortschritt gegenüber ihren Vorgängerzielen, den Millennium Development Goals (MDGs), darstellen, findet meist wenig Beachtung. Leider. Denn die SDGs könnten den Vereinten Nationen den Weg ins 21. Jahrhunderts weisen.

Oft wird vermutet, die SDGs seien nur eine etwas ausführlichere Version der MDGs. Dabei unterscheiden sich die beiden Agenden grundlegend. Dies zeigt sich insbesondere in ihren ganz unterschiedlichen Entstehungsprozessen.

Die MDGs wurden in wenigen Monaten von einer kleinen Gruppe von UN-Technokraten entworfen, die nach dem Millenniumsgipfel der Mitgliedstaaten von 2000 verhindern wollten, dass die sehr breite Millenniumserklärung in Vergessenheit gerät. Zwar bauten sie auf den seit 1995 von Geberländern im Rahmen der OECD ent-

wickelten International Development Goals (IDGs) auf, die Entscheidungen fielen allerdings in New Yorker UN-Büros und unter großem Zeitdruck. Einer der Beteiligten, der damalige Chef des UN-Entwicklungsprogramms Mark Malloch Brown, erzählt gern die Anekdote, dass er mit der Liste der Ziele auf dem Weg zum Faxgerät war, als ihm auf dem Flur der Chef des UN-Umweltprogramms begegnete und ihm siedend heiß einfiel: „Wir haben kein Umweltziel!" Kurzentschlossen fügte er ein Umweltziel hinzu und schickte die Liste in den Druck.
Die Vorteile dieses technokratisch-pragmatischen Prozesses liegen auf der Hand: Er erlaubte die Formulierung einer knappen Agenda, welche Geber- und Empfängerländern einen Kooperationsrahmen für unstrittige Politikbereiche bot und der Öffentlichkeit auf Abziehbildchen illustriert werden konnte. Nachteile dieses Ansatzes offenbarten sich jedoch im Umsetzungsprozess: Der technokratische Fokus auf das Mess- und Kommunizierbare trug zum Beispiel dazu bei, dass komplexe Phänomene teilweise vereinfacht und Ressourcen nicht immer optimal eingesetzt wurden. Beispielsweise lenkte die Tatsache, dass Müttergesundheit hauptsächlich durch die Messung von Müttersterblichkeit gemessen wurde, Investitionen in die Entwicklung von abstrakten Datenmodellen statt vor allem in den Aufbau der eigentlichen Gesundheitssysteme. Erfahrungen wie diese bewogen UN-Generalsekretär Ban Ki-moon dazu, für die SDGs einen breiten Konsultationsprozess zu organisieren, in dem zwischen 2012 und 2015 Menschen aus allen Regionen der Welt über ihre Zukunftsvisionen diskutierten. In diesen Konsultationen machte unter anderem die Zivilgesellschaft deutlich, dass auch politisch sensiblere, komplexere oder bisher weniger quantifizierte Themen wie Rechtsstaatlichkeit, sexuelle und reproduktive Rechte oder Ungleichheit aus einer globalen Agenda des 21. Jahrhunderts nicht mehr wegzudenken sind und dass mangelnde Messbarkeit nicht zur Beschränkung einer globalen Agenda führen darf, sondern vielmehr eine Datenrevolution erfordert.

Globales Einheitsmodell weicht nationaler Anpassung

Die Absicht der MDG-Architekten war es, Entwicklungsziele vergangener Weltkonferenzen und die IDGs zusammenzufassen, damit Staaten sich auf nationaler Ebene an diesen orientieren konnten. Nicht beabsichtigt war, dass die Länder die globalen Ziele und Indikatoren ohne Berücksichtigung des nationalen Kontextes als direkte

„Die Verfahren der UN kennen wenig Innovation, Diskurse entwickeln sich langsam. Der SDG-Prozess zeigt, dass es anders geht."

Handlungsvorgaben verwenden sollten. Als jedoch die Vereinten Nationen und viele Regierungen das Marketingpotenzial der MDGs für Finanzierungsanträge und Wählerschaften entdeckten, wurden sie genauso umgedeutet und für oft schablonenartige Förderprogramme zugeschnitten. Bald wurden allerdings die Schwächen einer Agenda deutlich, die Ergebnisse rein quantitativ misst und auf einen transparenten, partizipativen Anpassungsprozess auf nationaler Ebene keinen Wert legt. Der Druck, Fortschritt schnell sichtbar machen zu müssen, verleitete Regierungen beispielsweise zu Umsetzungsmaßnahmen, deren Wirkungen teilweise nicht voll durchdacht waren und in Extremfällen ein Ziel in sein Gegenteil verkehren konnten.

Die SDGs bauen auf diesen Erfahrungen auf. Sie sehen die nationale Anpassung der Unterziele vor und stellen qualitative Anforderungen an den Umsetzungsprozess. So muss beispielsweise die Umsetzung im Einklang mit den menschenrechtlichen Verpflichtungen der Mitgliedsstaaten stattfinden. Allerdings schreiben auch die SDGs nicht vor, wie die nationale Anpassung im Einzelnen stattzufinden hat, sodass hier insbesondere der Zivilgesellschaft die Rolle zufallen wird, Transparenz, Partizipation und Rechenschaft von ihren Regierungen einzufordern (vgl. S. 48 ff.).

Die MDGs wurden den Mitgliedsstaaten ein Jahr nach dem Millenniumsgipfel 2000 als Teil des UN-Umsetzungsplans vorgelegt. Wie in solchen Situationen üblich wurde der Bericht von den UN-Mitgliedstaaten „schätzend zur Kenntnis genommen" und damit implizit gebilligt, aber nicht formell verabschiedet. Der Unterschied mag formalistisch klingen, er führte aber dazu, dass Mitgliedstaaten wie die USA die Legitimität der MDGs anzweifelten. Viele Entwicklungsländer betrachteten die MDGs zudem nicht als eigene Ziele, sondern als UN-Agenda, die vornehmlich wegen ihrer Finanzierungsanreize von Interesse war. Den Entwicklungsländern missfiel außerdem, dass nur ein einziges Ziel für Geberländer galt, welches zudem vage formuliert war und, anders als alle anderen Ziele, keine Zeitvorgaben enthielt. Mit dem Aus-

laufen der MDGs entschieden die Mitgliedsstaaten daher auf der Rio+20-Konferenz im Jahre 2012, in eigener Regie eine Agenda zu erarbeiten, die für alle Länder relevant und gültig sein sollte.
Trotz dieser vermeintlichen Gegensätze zwischen den MDGs und den SDGs ergeben die oben genannten Punkte ein logisches Kontinuum. Von den IDGs über die MDGs zu den SDGs erfolgte eine schrittweise Universalisierung, Demokratisierung und Integration globaler Entwicklungsagenden: Die IDGs waren Ziele der Geberländer für Empfängerländer (A sagt B, was zu tun ist) und wurden daher von den Entwicklungsländern als paternalistisch empfunden und nie akzeptiert. Die MDGs waren demgegenüber neutraler, da sie auf der gemeinsamen Millenniumserklärung aller Länder aufbauten und von den Vereinten Nationen vorgeschlagen wurden (C erinnert B und teilweise A daran, was zu tun ist), allerdings wurden sie durch ihre faktisch einseitige Geltung für Entwicklungsländer durch ihre inhaltlichen Lücken von vielen Akteuren zunehmend auch als ungleicher und unzureichender Kooperationsrahmen empfunden. Die SDGs sind dagegen ein gemeinsames Produkt, das den MDG- und den Rio-Prozess zusammenbringt, für alle Länder gilt und unter Beteiligung von UN und Zivilgesellschaft entstanden ist (A und B vereinbaren, was zu tun ist, C bietet Verhandlungsrahmen und technische Unterstützung, D liefert Ideen und überwacht).

Die drei heißen Phasen im Aushandlungsprozess der SDGs

Das Vorgehen zur Erarbeitung der Agenda 2030 und ihres Kerns, der SDGs, lag nicht von vornherein fest, sondern ergab sich aus der Entscheidung der Mitgliedstaaten im Rio-Prozess, eine Offene Arbeitsgruppe zur Formulierung der Ziele einzurichten sowie dem Bestreben der UN, einen MDG-Folgeprozess zu unterstützen und für nicht-staatliche Akteure zu öffnen. Es entwickelte sich im Hinblick auf Inhalte und Menge der Aktivitäten ein trichterförmiger Prozess, der sich in drei überlappende Phasen einteilen lässt (vgl. Abb. 1): Zwischen 2012 und 2013 organisierte die UN nationale Konsultationen in 88 Ländern, Expertenkonsultationen zu elf Themen wie Governance, Ungleichheit, Bildung oder Wirtschaftswachstum und die weltweite Umfrage Myworld2015.org, an der über acht Millionen Menschen per Internet, SMS oder Fragebogen teilnahmen. Zudem setzte der UN-Generalsekretär das High-Level-Panel of Eminent Persons, ein hochrangiges Gremium, ein, das erste Zielvorschläge vorlegte.

Mit der Einsetzung der Offenen Arbeitsgruppe der Mitgliedstaaten fokussierte sich der Prozess zwischen März 2013 und Juli 2014 auf monatliche zwischenstaatliche Sitzungen, in denen eine Reihe von Themen diskutiert und sodann Ziele und Unterziele entworfen wurden (2), flankiert von einigen thematischen Veranstaltungen des Präsidenten der Generalversammlung. Nach Auflösung der Arbeitsgruppe legte der UN-Generalsekretär im Dezember 2014 einen Bericht vor, in dem er die Ergebnisse des gesamten Prozesses zusammenfasste und Vorschläge zu ausstehenden Fragen wie Kommunizierbarkeit und Überprüfung der Agenda machte. Aufbauend auf all diesen Beiträgen fanden in einer letzten Phase von Januar bis Juli 2015 formelle zwischenstaatliche Verhandlungen auf Ebene der Generalversammlung statt, in denen den Zielen eine Einleitung sowie Kapitel zu Umsetzungsmitteln und zur Überprüfung der Agenda hinzufügt wurden. Am 25. September 2015 wurde das Ab-

1 Prozess zur Erarbeitung der Agenda 2030

(vereinfachte Darstellung)

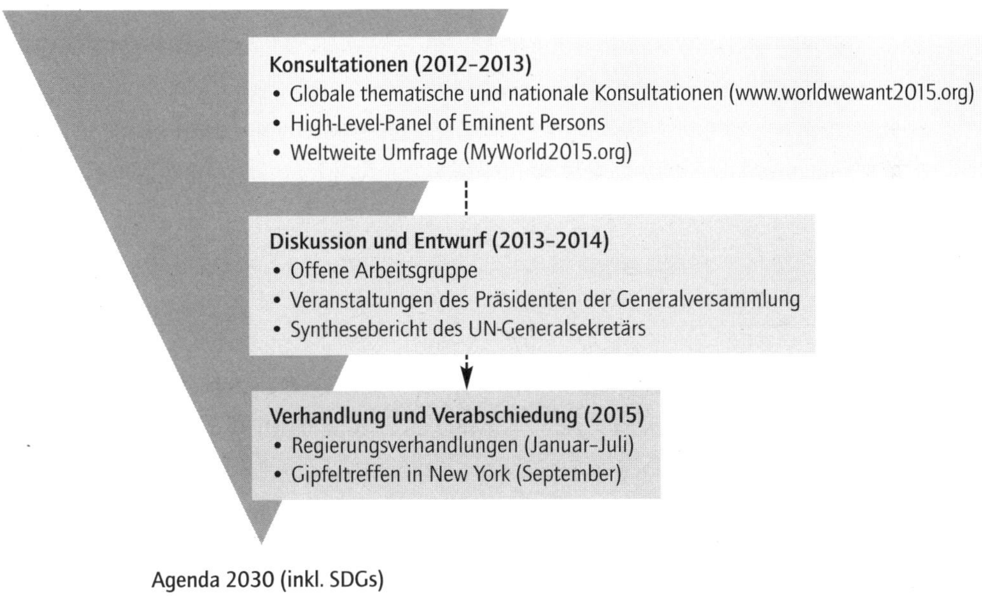

_ Quelle: Darstellung der Autorin

schlussdokument von allen 193 Mitgliedstaaten der UN in Anwesenheit von über 150 Staats- und Regierungschefs verabschiedet.

Das Besondere des SDG-Prozesses besteht nicht nur in der Menge und geografischen Reichweite der Konsultationsaktivitäten in der ersten Phase. Das eigentlich Neuartige ist, dass sich alle Beteiligten auf neue Formen der Zusammenarbeit eingelassen haben, die im Ergebnis zur Entwicklung der „gegenwärtig einzigen, auf weltweitem Konsens basierenden multilateralen Agenda" (vgl. S. 18) geführt hat:

- Akteure aus Wissenschaft, Privatwirtschaft und Zivilgesellschaft beteiligten sich nicht nur in der offiziellen Konsultationsphase als Beobachter(innen) und Kommentierende, sondern auch in der Entwurfs- und Verhandlungsphase, obwohl eine Beschränkung unter den Regeln des ECOSOC, des Wirtschafts- und Sozialrats der UN, und der Generalversammlung möglich gewesen wäre. Einzelne Versuche von Mitgliedstaaten, die Beteiligung von nicht-staatlichen Akteuren zu beschränken, unter anderem mit dem Argument, man fühle sich auf den Gängen „belästigt", waren nicht erfolgreich. Dies und der einfache Zugang zu den Konsultationsergebnissen auf Plattformen wie MyWorld und WorldWeWant haben zweifelsohne dazu beigetragen, dass bis dato höchst menschenrechtliche Themen wie Gewalt, Diskriminierung und Ungleichheit zur Sprache kamen, teilweise sogar von den Mitgliedsstaaten selbst weitergetragen wurden (3) und schließlich, wenn auch oft in abgeschwächter Form, in Zielen und Querschnittsanliegen verankert wurden. Diese Einflussmöglichkeiten wird sich inbesondere die Zivilgesellschaft in künftigen Prozessen nicht mehr nehmen lassen.
- Unter den Mitgliedstaaten hat die Arbeitsform der Offenen Arbeitsgruppe ganz neue Dynamiken befördert: Der Zeitrahmen erlaubte inhaltliche Diskussion ohne direkten Verhandlungsdruck. Da sich die Mitgliedstaaten außerdem aufgrund des großen Interesses Plätze in der Arbeitsrunde teilen mussten, wurden viele Statements nicht von regionalen Blöcken, sondern von sonst nicht existierenden Duos und Troikas vorgetragen. Dies ermöglichte insbesondere bei sensiblen Themen eine spürbar entspanntere Diskussionsatmosphäre. (4) Dadurch ließen sich Themen bis in die letzte Verhandlungsrunde tragen, die bei traditionellen zwischenstaatlichen Verhandlungsformaten nicht überlebt hätten (vgl. S. 35 ff.).
- Die UN wirkte im SDG-Prozess als Gastgeberin/Moderatorin und Beraterin, indem

sie die weltweiten Konsultationen organisierte, Ergebnisse zusammenfasste und die Offene Arbeitsgruppe mit technischer Expertise unterstützte. Sowohl Mitgliedstaaten als auch die Zivilgesellschaft erinnerten die UN-Institutionen regelmäßig daran, diese Rollen gewissenhaft zu erfüllen und mancher UN-Kollege musste sich an diese Kopilotenrolle mit Rechenschaftspflicht erst gewöhnen.
Die Verfahren der UN kennen wenig Innovation. UN-Diskurse entwickeln sich langsam. Soweit allgemein bekannt. Der SDG-Prozess zeigt, dass es anders geht. UN-Institutionen können für Partizipation sorgen, Zivilgesellschaft kann Mitgliedstaaten kritisch-konstruktiv antreiben und Mitgliedstaaten können über Blockgrenzen hinwegsehen. Auch wenn die Umsetzung der SDGs als eigentliche Nagelprobe noch aussteht - diese Erfahrungen lassen hoffen.

Anmerkungen

(1) Eine ausführliche Quellenliste hält die Autorin auf Anfrage bereit. Der Artikel gibt die persönliche Meinung der Autorin wieder.
(2) Anders als bei den MDGs wurde mit der Entwicklung der Indikatoren sogleich die Statistische Kommission der UN beauftragt, die aus rotierenden Vertretern der Statistischen Behörden der Mitgliedstaaten besteht.
(3) Diese zivilgesellschaftlichen Prioritäten tauchen beispielsweise in den Themen der Offenen Arbeitsgruppe und der Veranstaltungen des Präsidenten der Generalversammlung wieder auf.
(4) Besonders erinnerungswürdig ist die Intervention des Vertreters eines europäischen, finanzstarken Landes, der plötzlich zugab, dass Korruption oft in Hauptstädten wie der seinen ihren Ausgang nehme, was vor allem bei den großen Entwicklungsländern sichtbare Überraschung auslöste und die Diskussion erheblich entspannte.

Wie lautet Ihr ganz persönliches Nachhaltigkeitsziel?
Ans Morgen und Dort denken, im Jetzt und Hier handeln.

Zur Autorin

Julia Kercher, geb. 1977, ist wiss. Mitarbeiterin am Deutschen Institut für Menschenrechte (DIMR) sowie freie Gutachterin. Zuvor war sie für das UN-Hochkommissariat für Menschenrechte, das Entwicklungsprogramm der Vereinten Nationen und verschiedene Nichtregierungsorganisationen tätig.

Kontakt

Julia Kercher
E-Mail juliakercher@gmx.de

Auf der Suche nach dem passenden Weihnachtsgeschenk?

politische ökologie

Die Zeitschrift für Querdenker und Vordenkerinnen

JETZT Geschenkabo anfordern

Es gibt Dinge, die sind erfrischend anders. Seit mehr als 25 Jahren verlässt die *politische ökologie* ausgetretene Denkpfade, spricht unliebsame Wahrheiten aus und inspiriert mit unorthodoxen Lösungsvorschlägen.

Leseproben unter www.politische-oekologie.de

Geschenkabo

Vier Ausgaben + Geschenkkarte für nur **64,70 Euro** (zzgl. Versandkosten). Bestellung an abo@oekom.de oder unter +49/(0)89/544184-25.

oekom verlag

Bekämpfung der Ungleichheit

„Wir müssen bei der globalen Architektur ansetzen"

Die ungleiche Verteilung von Vermögen und Einkommen ist die Wurzel vieler Probleme in der Welt. Dass sich die Agenda 2030 zum Ziel setzt, sie zu verringern, ist ein Meilenstein. Ein Gespräch mit Thomas Pogge, dem Gründungsdirektor des Programms für globale Gerechtigkeit an der Yale Universität über Wege, die Armut endlich aus der Welt zu schaffen, und die Rolle der Zivilgesellschaft und der Wissenschaft bei der Erfolgskontrolle.

Was ist Ihrer Meinung nach das Besondere an der Agenda 2030 für nachhaltige Entwicklung?

Besonders und positiv ist, dass durch die SDGs so viel Aufmerksamkeit auf wichtige globale Fragen gelenkt wird: Entwicklung, Armut, Umweltschutz. Auch wenn Probleme wie der Klimawandel oder der Verlust an Biodiversität kaum explizit adressiert werden, haben die Entwicklungsziele immerhin das Wort „nachhaltig" schon im Titel, das ist ein Fortschritt. Im Vergleich zu den acht MDGs sind die 17 SDGs mit den 169 Unterzielen sehr viel breiter angelegt. Damit ist klar, dass das einzelne Unterziel nicht so viel Aufmerksamkeit auf sich ziehen kann, wie das bei den MDGs der Fall war. Dadurch besteht die Gefahr, dass einige Bereiche verschüttgehen oder nicht die Beachtung bekommen, die sie verdienen. Andererseits ist es hilfreich für die Agenda 2030 als Ganzes, dass sozusagen für jeden etwas drin ist.

Sind beim Verhandlungspoker einige Bereiche zu Unrecht unter den Tisch gefallen?
Richtig unter den Tisch gefallen ist eigentlich fast nichts, es geht mehr darum, wie die Probleme angegangen werden. Nehmen Sie das Thema Ungleichheit. Bislang wurde das Thema insbesondere von den USA bewusst rausgehalten, weil sie eigentlich nichts gegen Ungleichheit haben. In den SDGs ist nun zum ersten Mal von exzessiver Ungleichheit die Rede. Das ist politisch wichtig, weil damit anerkannt wird, dass bei zu großer Ungleichheit vor allem die Armen fast vollständig vom Bildungs-, Rechts- oder Gesundheitssystem ausgeschlossen sind.
Nun gibt es das Ziel 10.1., das fordert die Ungleichheit soll bis 2030 angefangen haben, sich nachhaltig zu verringern. Mit anderen Worten: Bis 2029 kann sich die Ungleichheit noch verstärken. Das ist natürlich viel zu lasch! Die Ungleichheit ist schon jetzt auf Rekordniveau in vielen Staaten und auch global gesehen. Wenn sich das noch 14 Jahre weiter verstärkt, dann kann sich die Ungleichheit in allen Lebensbereichen und vor allem in Politik und Bildung so tief verwurzeln, dass es gar nicht mehr möglich ist, sie auf demokratischem Wege wieder zu reduzieren.

Wo liegen die Knackpunkte bei der Umsetzung der Agenda 2030?
Die Vielzahl und Heterogenität der Ziele sehe ich als großes Problem für die Umsetzung der Agenda 2030. Weil es 169 verschiedene Unterziele gibt, können sich die Regierungen mehr oder weniger aussuchen, worauf sie sich konzentrieren wollen. Dadurch haben sie eine sehr gute Ausrede, wenn sie irgendwann gefragt werden, warum sie dieses oder jenes Ziel nicht angehen.

Ob die Länder es schaffen, die verschiedenen Ziele in konkrete Fahrpläne, Strategien und Maßnahmen zu übersetzen, ist in der Tat die große Frage. Was meinen Sie, wie es laufen wird?
Sie setzen schon voraus, dass die Länder die SDGs wirklich umsetzen wollen. Daran habe ich noch erhebliche Zweifel. Viele Länder haben vor allem deshalb zugestimmt, weil sie insbesondere die Welthandelsorganisation WTO und das ganze Globalisie-

rungsprojekt mit seiner Architektur – die in relativ kurzer Zeit seit dem Ende des Kalten Krieges vor allem von den reichen Ländern aufgebaut wurde – verteidigen wollen. Sie wollen der Welt zeigen, dass diese Architektur vernünftig funktioniert und in der Lage ist, Armut zu beseitigen, Entwicklung zu fördern und die Umwelt zu schützen. Es geht also in erster Linie darum zu demonstrieren, dass die reichen Länder sich um die vorhandenen Probleme kümmern. Es gibt daher die Befürchtung, dass bei der Umsetzung und der Messung, ob die Ziele tatsächlich erreicht werden, sehr viel Schindluder getrieben werden wird.
Bei den MDGs ist genau das passiert, weil die Messung von Organisationen durchgeführt wurden, die es sich wie beispielsweise die Welternährungsorganisation FAO und die Weltbank nicht leisten können, sich zur Wehr zu setzen, wenn sie von denen, die ihre Budgets festsetzen, gebeten werden, bessere Hungerzahlen zu präsentieren. Deshalb wurden so lange die Messmethoden und Definitionen geändert, bis man so einigermaßen Erfolg für das MDG 1 [Beseitigung der extremen Armut und des Hungers] vermelden konnte. Das könnte sich jetzt bei den SDGs wiederholen, wenn die Energien zum großen Teil darauf verwendet werden, schöne Zahlen zu produzieren und nicht darauf, bessere Realitäten zu schaffen.

Was kann die Zivilgesellschaft tun, damit dieses eher düstere Szenario nicht Realität wird und die Herausforderungen auch wirklich angegangen werden?
Wir müssen uns unbedingt mehr mit den technischen Details auseinandersetzen und vor allem den Unterorganisationen der Vereinten Nationen auf die Finger schauen, die die Umsetzung der SDGs bewerten. Bei den MDGs haben Zivilgesellschaft und Wissenschaft in diesem Punkt versagt, da schließe ich mich selbst mit ein.
Wir müssen die Organisationen bei ihrer wissenschaftlichen Ehre packen. Die FAO gibt sich als eine Expertenorganisation für Hunger aus. Sie müsste also in der Lage sein, das Ausmaß des Hungers auf wissenschaftlich anerkannte und nachprüfbare Art und Weise zu definieren und einem Monitoring zu unterziehen. Wenn sie das aber weiterhin so schlecht macht wie bisher, müssen wir das entschieden anprangern. Die besten Wissenschaftler der Welt, die sich mit Hunger beschäftigt haben, müssen zusammenkommen und eine Expertenkommission bilden, die den Hunger vernünftig definiert und sinnvollere Messmethoden vorschlägt. Wir können damit

Gegendruck aufbauen und so auch die Regierungen dazu bringen, dass sie, statt die FAO oder die Weltbank zu geschönten Zahlen zu drängen, tatkräftig dazu beitragen, die Anzahl der Hungernden in der Welt zu verringern.

Welche Rolle spielt das weiterhin geltende Wachstumsparadigma beim Erreichen der Ziele?

Wachstum ist schon wichtig für die Entwicklung und die Beseitigung der Armut, denn wenn der Kuchen größer wird, werden auch die Stücke zum Verteilen größer, wenn alles andere gleich bleibt. Das eigentliche Problem aber ist die Verteilung der Kuchenstücke und da sind wir wieder bei der Ungleichheit.

Zum ersten Mal in der Geschichte der Menschheit besitzt das reichste ein Prozent der Menschen mehr als die Hälfte des weltweiten Vermögens. Die unteren 50 Prozent besitzen davon nur 0,6 Prozent. Es ließen sich also sehr viel schneller und sehr viel größere Fortschritte erzielen, indem man einfach nur ein bisschen die Verteilung ändert. Würde man das Vermögen der unteren Hälfte auf 1,5 oder zwei Prozent aufstocken, hätte man für die Armen so viel erreicht wie mit 30 Jahren Wachstum, und das, ohne die planetarischen Grenzen weiter zu überschreiten.

Heißt das, wir sollten, statt die SDGs umzusetzen, lieber einen ganz anderen Weg einschlagen?

Nein, aber wenn die SDGs ein bisschen vernünftiger formuliert worden wären, wenn etwa das Ungleichheitsziel mit anständigeren Zielsetzungen verbunden wäre, dann ließe sich viel mehr erreichen. Wenn zum Beispiel drinstünde, im Jahr 2030 soll sich der Anteil der unteren 40 Prozent der Menschheit am globalen Einkommen verdoppelt haben, von derzeit etwa drei auf sechs Prozent, dann würde das einen massiven Entwicklungsschub in Aussicht stellen.

So steht es aber nicht in der Agenda 2030. Wir starten Anfang 2016 mit den SDGs so wie sie jetzt sind. Was müsste passieren, damit im Zuge der Rewiewprozesse das Ungleichheitsziel in Ihrem Sinne angepasst wird?

Das erwähnte Ziel halte ich für politisch vollkommen unrealistisch. Wenn man das versuchen würde, wäre die Hölle los. Mit Müh und Not ist das Ungleichheitsziel überhaupt in die Agenda 2030 aufgenommen worden, ein Wunder fast, dass es von den USA nicht abgeschossen wurde! Trotzdem müssen wir die Ambitionen bewahren und immer wieder die Aufmerksamkeit auf die Tatsache lenken, dass wir es mit Wachstum allein nicht schaffen werden, die Armut in all ihren Formen bis 2030 zu beseitigen.

Wenn wir dieses Ziel wirklich ernst meinen, muss der Einkommens- und Vermögensanteil der unteren 40 Prozent der Menschen größer werden. Zumal wir sonst ein solch hohes Wachstum bräuchten, dass es den Planeten vollends kaputt machen würde. Außerdem wachsen die Industrienationen seit vielen Jahren ja kaum noch. Auch in den Schwellenländern wie China oder Brasilien verlangsamt sich das Wachstum spürbar. Ein globales Wirtschaftswachstum pro Kopf von mehr als zwei bis drei Prozent ist daher unrealistisch. Und damit allein würde es viel zu lange dauern, bis man die gravierende Armut endlich aus der Welt geschafft haben wird.

Wie lässt sich, ohne eine veritable Revolution loszutreten, die Umverteilung angehen?

Ich glaube nicht, dass Revolutionen eine Chance haben. Und ich glaube auch nicht, dass sie zu vernünftigen Resultaten führen. Wir müssen vor allem bei der globalen Architektur ansetzen. Wir haben, angefangen mit der WTO, eine Struktur auf der globalen Ebene aufgebaut, die aus bilateralen und multilateralen Regelsystemen besteht. Diese Vertragswerke sind im Großen und Ganzen von den Regierungen der Industrieländer ausgehandelt worden, die wiederum im Interesse ihrer multinational agierenden Firmen gehandelt haben.

Das lässt sich gut beim Thema geistige Eigentumsrechte zeigen. Die einflussreichen Lobbys der Pharmafirmen, des Agrobusiness sowie der Entertainment- und Softwarefirmen haben insbesondere auf die Regierung der USA Druck ausgeübt, das Thema in den Handelsverträgen zu verankern, obwohl es mit dem Handel an sich erstmal gar nichts zu tun hat. Für die Armen war das eine Katastrophe, weil seitdem auch die Entwicklungsländer verpflichtet sind, starke Patentrechte durchzusetzen, die es dortigen Generikafirmen verbieten, wichtige Medikamente nachzubauen und billig zu verkaufen. Um einigen wenigen reichen Patienten in den Entwicklungsländern teure Patentmedikamente verkaufen zu können, hat man Milliarden arme Patienten vom Zugang zu diesen oft lebenswichtigen Medikamenten abgeschnitten. Wir brauchen also keine Revolution, und schon gar nicht Gewalt, sondern einfach nur die konsequente Berücksichtigung der Menschenrechte bei der Gestaltung der internationalen Spielregeln. Auch wenn wir Reichen die Macht haben, die Interessen und Bedürfnisse der Armen zu ignorieren und ihre Stimmen zu überdröhnen, müssen wir sie als gleichberechtigte Mitmenschen achten, deren Interessen die globale Ordnung, die in diesen Jahrzehnten neu entsteht, gleichermaßen mitbestimmen müssen.

Das Interview führte Anke Oxenfarth

Wie lautet Ihr ganz persönliches Nachhaltigkeitsziel?
Nachhaltiger als die Weltarmut zu sein, also ihre Beerdigung noch mitzuerleben!

Zur Person
Thomas Pogge, geb. 1953, ist Leitner Professor für Philosophie und internationale Angelegenheiten an der Yale Universität, Forschungsdirektor am Centre for the Study of Mind in Nature an der Universität Oslo und Teilzeitprofessor am Kings College London sowie an der Universität von Central Lancashire. Er editiert den Bereich soziale und politische Philosophie der Stanford Encyclopedia of Philosophy und ist Mitglied der Norwegischen Akademie der Wissenschaften.

Kontakt
E-Mail thomas.pogge@yale.edu

KERNBOTSCHAFTEN

In der Präambel nennt die Agenda 2030 fünf Kernbotschaften, um weltweit wirtschaftlichen Fortschritt, sozialen Ausgleich und ökologische Vernunft ins Gleichgewicht bringen. Es gilt, Armut und Hunger ein Ende zu setzen („People"), die natürlichen Ressourcen zu schonen („Planet"), Wohlstand in Harmonie mit Mensch und Natur zu schaffen („Prosperity"), friedliche und gerechte Gesellschaften zu fördern („Peace") und die Ziele partnerschaftlich umzusetzen („Partnership"). – Wie lassen sich gewaltsame Konflikte vermeiden? Welche Anreize ermuntern zum nachhaltigen Wirtschaften? Warum hat es einen Pferdefuß, dass die Finanzierung der Umsetzung so prominent in der Agenda auftaucht?

Landwirtschaft und Ernährungssicherheit

Gesunde Nahrung für alle

Von Hans R. Herren und Michael Bergöö

Hunger und Mangelernährung bekämpfen, Kleinbauern stärken, nachhaltige Anbaumethoden fördern – die Agenda 2030 fordert nichts Geringeres als einen Kurswechsel in der globalen Landwirtschaft. Um mit den richtigen Maßnahmen gegen Treibhausgase, Nahrungsmittelverschwendung oder die Übel der Grünen Revolution vorzugehen, braucht es das Anpacken aller Akteure.

Weltweit hungern derzeit immer noch 795 Millionen Menschen beziehungsweise jedes fünfte Kind. Knapp 900 Millionen Personen leben in extremer Armut, das heißt von weniger als 1,90 US-Dollar pro Tag. Und das in einer Welt, wo die Nahrungsproduktion den notwendigen Tagesbedarf von durchschnittlich 2.300 Kilokalorien pro Person um das Doppelte übersteigt. Ziel 1 der Ende 2015 auslaufenden Millenniumsentwicklungsziele, das den Anteil der unterernährten Menschen halbieren soll, wurde verfehlt – im weltweiten Durchschnitt denkbar knapp, in Subsahara-Afrika und Südasien um mehrere Längen.

Während die Überwindung von Hunger und Armut für die Menschheit weiterhin oberste Priorität hat, rückt auch die Art und Weise, wie wir unsere Nahrungsmittel produzieren, immer mehr in den Fokus. Mit ihren Hochertragssorten und dem forcierten Einsatz von Dünger, Wasser, Pestiziden und Energie haben geläufige Formen der industriellen respektive konventionellen Landwirtschaft zwar eindrucksvoll die

„Wir sind entschlossen, Armut und Hunger in allen ihren Formen und Dimensionen ein Ende zu setzen und sicherzustellen, dass alle Menschen ihr Potenzial in Würde und Gleichheit und in einer gesunden Umwelt voll entfalten können."

_ Aus der Präambel der Agenda 2030 für nachhaltige Entwicklung zu „Menschen" (People)

Erträge gesteigert. Aber langfristig zehren diese Methoden an ihren eigenen Grundlagen. Gemäß der UN-Organisation für Nahrung und Landwirtschaft FAO ist weltweit bereits ein Drittel der Böden degradiert. (1) Der Gebrauch von Insektiziden, namentlich Neonikotinoiden, ist mitschuldig am weltweiten Bienensterben. (2) Die Biodiversität nimmt ab. Und auch am Klimawandel ist die Landwirtschaft maßgeblich beteiligt: Von den heute vorherrschenden Praktiken wird erwartet, dass die Emissionen von klimaschädlichen Gasen aus der Landwirtschaft, etwa CO_2 oder Methan, die heute schon etwa die Hälfte ausmachen, bis 2050 um weitere 30 Prozent zunehmen werden. (3)

Vom Wissen zum Willen

Nach der Ernte geht rund ein Drittel der Nahrungsmittel weltweit verloren - beispielsweise durch fehlende Lagerungsmöglichkeiten in Entwicklungsländern, durch Verschwendung bei den Konsument(inn)en in Industriestaaten, aber auch durch die Weiterverarbeitung von Mais zu Biotreibstoff respektive von Soja zu Tierfutter. Und als wäre dies nicht genug, werden insbesondere Entwicklungsländer und deren landwirtschaftliche Kleinbetriebe durch das heutige Agrarhandelssystem oftmals benachteiligt - sei es durch den Export von subventionierten Agrargütern und Produktionsüberschüssen aus den Industrieländern oder durch den zunehmenden Einfluss von multinationalen Unternehmen, welche die Kleinbauern und -bäuerinnen aus dem Markt drängen oder Abhängigkeiten für sogenannte Agrarinputs wie beispielsweise für Saatgut und Kunstdünger schaffen.

Die Quintessenz aus alldem? Nun, Business as usual ist keine Option, wenn wir die Menschheit gesund ernähren, eine gerechte Entwicklung und ein Leben in Würde ermöglichen und unseren Planeten schützen wollen. Im Bericht „Landwirtschaftliche Technologie für Entwicklung" des UN-Generalsekretärs steht es noch deutlicher: „Die grüne Revolution hat ihre Grenzen erreicht. Wir brauchen neue Ansätze, um die Herausforderungen bezüglich Ernährungssicherheit und Klimawandel anzugehen." (4) Deshalb ist ein Kurswechsel in der Landwirtschaftspolitik, wie ihn der Weltagrarrat 2008 forderte und jetzt auch in der Agenda 2030 für nachhaltige Entwicklung wiederholt wurde, endlich umzusetzen. Denn wir wissen längst wie! Jetzt müssen wir nur den Willen aufbringen, dieses Wissen auch umzusetzen.
Die 17 nachhaltigen Entwicklungsziele sind eng miteinander verknüpft: Fortschritte in einem Ziel hängen eng mit den Fortschritten in den anderen Zielen zusammen. Damit ist auch klar, dass es integrierte Ansätze braucht, damit in der Umsetzung die verschiedenen Ziele und Politikfelder aufeinander abgestimmt werden und so viele Synergien respektive so wenig Zielkonflikte wie möglich entstehen.

Agrarökologie fördert Gesundheit und Wohlstand

Das Ziel 2 der Agenda 2030 fordert, den Hunger zu beenden, Ernährungssicherheit zu erlangen und nachhaltige Landwirtschaft zu fördern. Zusammen mit weiteren „verwandten" Zielen, unter anderem Armutsreduktion, Gesundheit, Gleichstellung, Wasser, nachhaltigem Konsum, Klimawandel, Ozeanen und Ökosystemen, haben wir eine ziemlich vollständige Anleitung, um den Kurswechsel in der globalen Landwirtschaft und bei den Nahrungssystemen voranzutreiben und somit maßgeblich zum Gelingen der Agenda 2030 beizutragen. Deshalb gilt es jetzt, mit den richtigen Maßnahmen die Umsetzung rasch anzugehen:

- *Innovative Lösungen:* Obwohl laufend nach neuen und angepassten Anbaumethoden geforscht wird, gibt es bereits eine Reihe von Ansätzen, die alle Eigenschaften für eine erfolgreiche Umsetzung der Agenda 2030 mitbringen. Eine dieser erfolgversprechenden Alternativen zur industriellen respektive konventionellen Landwirtschaft ist die Agrarökologie, eine systemische und wissensintensive landwirtschaftliche Praxis, die seit Jahrhunderten besteht. Sie setzt die örtlich verfügbaren Ressourcen - Sonne, Wasser, Boden, die Arten- und Sortenvielfalt - sowie das Wissen

> **„Es gibt es bereits eine Reihe von Ansätzen in der Landwirtschaft, die alle Eigenschaften für eine erfolgreiche Umsetzung der Agenda 2030 mitbringen."**

von Menschen über ihr Zusammenspiel optimal ein. Dadurch lassen sich die extern benötigten Inputs und Umweltbelastungen minimieren, die Biodiversität fördern und die Bodenfruchtbarkeit erhalten und restaurieren. Der Bauer/die Bäuerin kann damit auch die Resilienz gegen extreme Wetterlagen und den Klimawandel erhöhen. Schließlich trägt die Agrarökologie durch Steigerungen der Produktivität und Einkommensförderung auch zur Belebung der lokalen Wirtschaft und zum Erreichen von Forrtschrittten in den Bereichen Gesundheit und Wohlstand bei – und somit zu Verbesserungen in allen Dimensionen der nachhaltigen Entwicklung. Agrarökologische Methoden kann sowohl die Kleinbäuerin in Afrika als auch der Großbauer in den USA anwenden.

- *Nachhaltige Investitionen:* Der Bericht der UN-Umweltbehörde UNEP zur „Grünen Wirtschaft" gibt die benötigten Investitionen für eine Umstellung auf eine ökologische Landwirtschaft mit 198 Milliarden US-Dollar pro Jahr bis 2050 (5), was weniger als 0,2 Prozent des globalen Bruttoinlandsprodukts entspricht. Öffentliche Investitionen und Anschubfinanzierungen spielen dabei eine zentrale Rolle, da die Ernährungssicherheit ein öffentliches Gut ist, Investitionen in landwirtschaftliche Forschung und Infrastruktur kapitalintensiv sind und sich Renditen oftmals erst langfristig einstellen. Die Addis Abeba Action Agenda, die im Juli 2015 durch die Staatengemeinschaft im Hinblick auf die Finanzierung der Agenda 2030 verabschiedet wurde, fordert denn auch einen Anstieg von öffentlichen Investitionen für nachhaltige Landwirtschaft und einen verbesserten Marktzugang für Kleinbauern und -bäuerinnen (vgl. S. 69 ff.). Doch der Privatsektor ist genauso gefordert: Die Landwirtschaft benötigt verantwortungsvolle Investitionen mit einem Langzeithorizont statt kurzfristiger Gewinnabsichten, wie das zum Beispiel oftmals im Rahmen von Land

Grabbing oder Programmen wie der „G8 New Alliance for Food Security and Nutrition" geschieht, die sich am überholten Paradigma der Grünen Revolution orientieren. Die Investitionen des Privatsektors müssen sich einerseits an den Grundsätzen für verantwortungsvolles Investieren in Land- und Ernährungswirtschaft ausrichten, die der Ausschuss für Welternährungssicherheit (Committee on World Food Security, CFS) aufgestellt hat. Andererseits werden wir nicht darum herumkommen, negative Externalitäten wie den Ausstoß von Treibhausgasen, Bodendegradation, Biodiversitätsverlust oder Wasserverschmutzung bei Investitionsentscheidungen einzupreisen. Dann wird sich relativ schnell zeigen, dass die ökologische Landwirtschaft auch bezüglich langfristiger Rendite für den Investor, die Umwelt und die Gesellschaft die Nase vorn hat.

▭ *Partnerschaften:* Eine große Neuerung der Agenda 2030 ist der Umstand, dass man von der typischen Nord-Süd-Beziehung in der Entwicklungszusammenarbeit wegkommen möchte und Umsetzungspartnerschaften anstrebt, in denen alle Anspruchsgruppen vertreten sind – also Regierungen, die Vereinten Nationen, der Privatsektor, die Zivilgesellschaft und die Wissenschaft. Denn niemand kann die Agenda alleine umsetzen. Auf globaler Ebene spielt diesbezüglich der CFS eine Vorreiterrolle, da er alle Anspruchsgruppen vereint und die Herausforderungen rund um Ernährungssicherheit und Landwirtschaft ganzheitlich angeht. Aber auch im Hinblick auf die Ausgestaltung der Umsetzung der Agenda auf nationaler und lokaler Ebene wird es essenziell sein, dass alle Anspruchsgruppen einbezogen werden und die Regierungen im Sinne von „Whole of Government" integrierte Umsetzungspläne aufsetzen, welche von allen Stakeholdern mitgetragen werden.

Taten von allen, überall

Die Agenda 2030 für nachhaltige Entwicklung ist ein Mammutprogramm für die kommenden 15 Jahre. Ursachen- statt Symptombekämpfung ist kompliziert und aufwendig. Deshalb bedarf es in erster Linie des politischen Willens – sowohl in Entwicklungs-, Schwellen- und Industrieländern als auch auf globaler, nationaler und lokaler Ebene. Jede(r) Akteur(in) hat den nötigen Beitrag zu leisten – von den Konsumierenden mit ihren Kaufentscheidungen und gewählten Diäten (mehr Gemüse und Früchte, weniger Fleisch) über den Staat als Regulator, bis hin zum Privatsektor mit verantwortungsbewusstem Wirtschaften sowie nachhaltigen Wertschöpfungsketten und schließlich der Zivilgesellschaft als kritisch-konstruktiver Wächterin (vgl. S. 55ff.). Nur so können wir Hunger und Mangelernährung bekämpfen, die Kleinbauern und -bäuerinnen stärken, unsere Nahrungssysteme auf Nachhaltigkeit umstellen, dem Klimawandel konsequent und effektiv entgegentreten, die globalen Agrarmärkte verbessern und die erhöhte Preisvolatilität von Agrargütern eindämmen – alles Unterziele der Agenda 2030. Und schließlich mahnt der UN-Generalsekretär: „Wir brauchen Taten von allen, überall."

Anmerkungen

(1) www.fao.org/3/a-i4373e.pdf
(2) www.nature.com/news/bee-studies-stir-up-pesticide-debate-1.17366
(3) Tubiello, Francesco Nicola et al.: The Contribution of Agriculture, Forestry and Other Land Use Activities to Global Warming, 1990-2012. In: Global Change Biology 7/2015, S. 22–23
(4) http://daccess-dds-ny.un.org/doc/UNDOC/GEN/N15/248/46/PDF/N1524846.pdf?OpenElement
(5) www.unep.org/greeneconomy/Portals/88/documents/ger/ger_final_dec_2011/Green%20EconomyReport_Final_Dec2011.pdf

a)

b)

Wie lautet Ihr ganz persönliches Nachhaltigkeitsziel?

a) Eine positive Kraft zu sein und zu tun, was ich in meinen Aktivitäten zur Transformation des Nahrungssystems predige.

b) „Die Schwierigkeit ist nicht, neue Ideen zu finden, sondern den alten zu entkommen." (John Maynard Keynes)

Zu den Autoren

a) Hans R. Herren, geb. 1947, ist Präsident von Biovision und CEO des Millennium Institute. Er wurde 2013 mit dem alternativen Nobelpreis und 1995 mit dem Welternährungspreis ausgezeichnet.

b) Michael Bergöö, geb. 1981, begleitete für Biovision die Verhandlungen der Agenda 2030 und der Entwicklungsfinanzierung in New York und Addis Abeba.

Kontakt

Hans R. Herren, Michael Bergöö
Biovision – Stiftung für ökologische Entwicklung
E-Mail info@biovision.ch

Planetarische Grenzen und Wirtschaftspolitik

It's the Planet, Stupid!

Von Jürgen Maier und Marie-Luise Abshagen

Die Zeit zum Umsteuern ist mehr als reif. Detailkorrekturen reichen allerdings nicht mehr aus, um die Welt gerechter zu machen und Ressourcen für kommende Generationen zu bewahren. Wer globale Nachhaltigkeit will, muss regulieren und in Märkte eingreifen, sonst bleibt die Agenda 2030 Schall und Rauch.

Die Erkenntnis, dass sich das Entwicklungs- und Wirtschaftsmodell der alten Industrieländer nicht globalisieren lässt, ist nicht neu. Dennoch folgt die Logik sowohl der Wirtschafts- als auch der Entwicklungspolitik aller Länder bis heute faktisch genau diesem Mantra. Sinkt beispielsweise der Auto- oder Konsumgüterabsatz, wird die Politik unruhig und versucht gegenzusteuern. Länder wie Brasilien, Indien oder China kopieren exakt dieses Entwicklungsmodell. Je höher der Verbrauch, desto höher das Wachstum, desto höher das Bruttoinlandsprodukt (BIP), desto erfolgreicher die Entwicklung. Daran hat sich nichts geändert und daran werden vermutlich auch die SDGs nichts ändern.

Das Problem ist nur: Es geht einfach nicht mehr. Schon jetzt verbrauchen wir deutlich mehr Ressourcen wie Holz, Kulturpflanzen und Futtermittel, als auf unseren Wald-, Acker-, Weideflächen und in unseren Fischgründen regeneriert werden können. Der sogenannte Earth Overshoot Day, der Tag, an dem unsere jährliche Nachfrage nach Ressourcen rein rechnerisch die Kapazitäten des Planeten überschreitet,

> **„Wir sind entschlossen, den Planeten vor Schädigung zu schützen, unter anderem durch nachhaltigen Konsum und nachhaltige Produktion, die nachhaltige Bewirtschaftung seiner natürlichen Ressourcen und umgehende Maßnahmen gegen den Klimawandel, damit die Erde die Bedürfnisse der heutigen und der kommenden Generationen decken kann."**
>
> _ Aus der Präambel der Agenda 2030 für nachhaltige Entwicklung zu „Planet" (Planet)

fällt jedes Jahr auf einen früheren Termin - 2015 war es der 13. August - 1987 war es noch der 19. Dezember. Dabei sind die Grenzen unseres Planeten durchaus bekannt. 2009 identifizierte ein Forschungsteam zehn Bereiche der Belastbarkeit unseres Planeten und zeigte in seiner Veröffentlichung sogleich auf: Die Grenzen von drei Bereichen - Stickstoffeintrag, Verlust von Biodiversität und Klimawandel - sind schon deutlich überschritten, bei zweien - Versauerung der Ozeane und Phosphoreintrag - ist es fast so weit. Die anderen fünf Bereiche - Landnutzung, Süßwassernutzung, Aufbau der stratosphärischen Ozonschicht, Verschmutzung durch Chemikalien und atmosphärische Aerosolbelastung - fallen nur deshalb besser aus, weil teilweise die Datenlage noch keine genaue Bestimmung zulässt. (1)
Auch ohne wissenschaftlichen Hintergrund kann sich niemand mehr durch Unwissenheit über die Lage des Planeten aus der Verantwortung stehlen. Nachrichten über das gravierende Artensterben sind mittlerweile sogar im Fernsehen angekommen. Über das Hinscheiden der Bienen mit gruseligen Bildern von leeren Supermärkten, sollten die Insekten als Bestäuber ausfallen, tauscht man sich über Facebook aus. Vom Korallensterben des Great Barrier Reef kann man sich als Tauchtourist(in) überzeugen. Und der einsame Eisbär auf einer langsam davontreibenden Eisscholle ist längst massentaugliches Sinnbild für den Klimawandel geworden. Dass all dies noch keine größeren Proteste hervorgerufen hat, liegt sicherlich an unserem Irrglauben, dass all das für das Überleben des Menschen ja nicht so wichtig sein könne. Und er hält sich so lange hartnäckig, wie sich gerade die Veränderungen durch den

Klimawandel in erster Linie (noch) nicht in unseren Breitengraden abspielen. Derweil kennt unsere Empathie mit schon jetzt vom Klimawandel betroffenen Menschen, von Bangladesch über den Sudan bis hin zu den Inuit, häufig deutliche Grenzen. Wie aber können wir unseren ökologischen Fußabdruck spürbar verkleinern, genauer gesagt die Fläche verringern, die wir für unseren Lebensstandard, zur Herstellung von Kleidung und Nahrung, für die Bereitstellung von Energie, Entsorgung von Müll oder Bindung von Treibhausgasen beanspruchen? Sicherlich nicht mit Verzichtsappellen oder mit Aufforderungen zum „grünen" Konsum. Verzichtsappelle bringen bestenfalls überhaupt nichts, in der Regel diskreditieren sie die ganze Idee samt ihrer Fürsprecher(inn)en. Auch der viel propagierte grüne Konsum führt in die Irre, weil er das Problem zumeist nur verlagert. Bis ein Elektro- oder Hybridauto die Energie kompensiert hat, die zu seiner Herstellung erforderlich war, muss es sehr viel gefahren sein – seine Energiebilanz amortisiert sich also allenfalls als Car-Sharing-Auto im Dauerbetrieb. Schon 1865 erkannte der britische Ökonom William Stanley Jevons, dass Effizienz den Verbrauch gesamtwirtschaftlich sogar steigern kann; heute spricht man vom Rebound-Effekt.

SDGs weisen in die richtige Richtung

Kosmetische Änderungen an der Wachstumswirtschaft werden nicht mehr ausreichen. Man kann es drehen und wenden, wie man will, am Ende kommt man um diese Erkenntnis nicht herum: Unser Wirtschaftssystem muss sich von der Droge Wachstum lossagen. Es gelingt sowieso kaum noch, Wirtschaftswachstum in den reichen Ländern zu erzielen. Schuldenfinanzierte Konjunkturprogramme fruchten nicht mehr, die Nullzinspolitik verpufft fast wirkungslos, die Steuerlast für Reiche und Unternehmen ist schon auf historischem Tiefstand – was soll man denn noch machen, um Wachstum zu generieren, insbesondere bei stagnierenden oder zurückgehenden Reallöhnen und Schuldenbremsen? Die Unternehmen investieren kaum noch und bedienen lieber renditehungrige Aktionäre – es ist viel zu viel Geld im Umlauf, das nicht investiert, sondern mit dem spekuliert wird. Bei wachsender Ungleichheit fehlt heute immer mehr Menschen die Kaufkraft, um mit mehr Konsum das Wachstum anzukurbeln. Seien wir ehrlich: Eine Volkswirtschaft wie die deutsche kann heute nicht mehr wirklich wachsen. Wir haben ein Verteilungs- und Gerechtig-

keitsproblem, aber das lässt sich nicht durch Wachstum lösen wie in den 1960er-Jahren, sondern ausschließlich durch Umverteilung (vgl. S. 35 ff.).
Die Agenda 2030 kommt also zum richtigen Zeitpunkt. Wir brauchen eine neue Politik und die SDGs weisen in die richtige Richtung. Natürlich ist die Agenda nicht das Allheilmittel, mit dem wir die Aus- und Übernutzung unserer Ressourcen in den Griff bekommen. Schließlich setzt auch sie auf Wirtschaftswachstum als Mittel zur Entwicklung - obwohl davor das Wörtchen „nachhaltig" steht.

„Die Agenda 2030 ist nicht nur eine Entwicklungsagenda, in die sich ein bisschen Umweltschutz verirrt hat."

Wirtschaftswachstum in armen Ländern, das ist die eine Sache. Dort ist Wirtschaftswachstum natürlich notwendig, um die Armut zu überwinden. Dies stellt niemand infrage. Aber Entwicklung sieht ja nicht so aus, dass ausschließlich die Armen ein bisschen aufholen. Entwicklung sieht üblicherweise so aus, dass vor allem die Mittel- und Oberschichten zulegen und die absolut Armen vom Wachstum dieser Schichten ziemlich wenig abbekommen. Wenn die Eliten dieser Länder bei internationalen Konferenzen auf ihr Recht auf Entwicklung pochen, meinen sie allzu oft nur sich selbst und nicht diejenigen, die in ihren Ländern wirklich arm sind. Auch Wirtschaftswachstum ohne ökologische Nachhaltigkeit entpuppt sich in immer mehr Entwicklungsländern als ungedeckte Hypothek auf die Zukunft, weil die Folgekosten auch die wirtschaftlichen Grundlagen weiteren Wachstums untergraben.
Allerdings gelten die SDGs für alle Staaten und so können sich im Zweifelsfall auch Wachstumsbefürwortende in den Industrieländern auf die Nachhaltigkeitsziele berufen. Nichtsdestotrotz sind die SDGs ein Programm für eine gerechtere Welt und stellen die Bedeutung des Schutzes von Ressourcen und deren nachhaltige Nutzung in den Mittelpunkt. Immerhin, die Ressourceneffizienz soll verbessert und die Ent-

kopplung von Wachstum und Umweltzerstörung angestrebt werden. Nicht viel, aber mehr war im Konsens von 190 Staaten wohl auch nicht zu erreichen.
Die Agenda 2030 ist insgesamt nicht nur eine Entwicklungsagenda, in die sich ein bisschen Umweltschutz verirrt hat. Durch viele der Ziele ziehen sich ökologische Ansätze wie die Verbesserung der weltweiten Wasserqualität im Wasser-Ziel, die deutliche Erhöhung des Anteils von Erneuerbaren im Energie-Ziel oder die Bewahrung der genetischen Vielfalt von Saatgut im Ziel der Hungerbekämpfung. Zudem gibt es ein eigenes Ziel, das sich mit nachhaltigen Konsum- und Produktionsmustern befasst und neben nachhaltigen Wirtschaftspraktiken auch den umweltverträglichen Umgang mit Chemikalien und Abfällen fordert. Klare Vorgaben gibt es bei den im engeren Sinne umweltpolitischen Zielen, denen es um die Erhaltung und Wiederherstellung von Ökosystemen geht sowie um die Beendung von Entwaldung und den Verlust der biologischen Vielfalt, um Maßnahmen gegen Wilderei und die Bereitstellung finanzieller Mittel für den Naturschutz.

Den Fluch der Deregulierung aufheben

Es ist gut, dass die Entwicklungsländer mit der Agenda 2030 zusagen, ihre Entwicklung nicht nur am BIP, sondern auch an Nachhaltigkeit zu orientieren - und damit de facto eine andere Wirtschaftspolitik ins Auge fassen. Um die SDGs zu erreichen, brauchen aber auch die reichen Länder mehr als nur einige Detailkorrekturen, sondern eine grundlegende Wende in ihrer Wirtschaftspolitik, national, europäisch, international. Die Globalisierung muss anders gestaltet und reguliert werden als bisher. Seit 30 Jahren geht der gesamte Trend der Wirtschafts- und Handelspolitik in genau die andere Richtung. Seit die neoliberale Gegenrevolution Anfang der 1980er-Jahre in den USA und Großbritannien begann und von Staatschefs wie Bill Clinton, Tony Blair und Gerhard Schröder zum Mainstream der europäischen und US-amerikanischen Politik erklärt wurde, dreht sich alles um die Deregulierung der Wirtschaft. Mit Handelsverträgen wurden und werden die Verpflichtung zur Liberalisierung und der Schutz der Wirtschaft vor künftiger Re-Regulierung zu einer Art internationaler Wirtschaftsverfassung gemacht. Regulierung im öffentlichen Interesse für soziale oder ökologische Zwecke wird meist als „Handelshemmnis" eingestuft und verstößt daher gegen diese Verträge. Kein Wunder, dass die Regulierung transnationaler Wertschöpfungsketten selbst dann extrem schwierig ist, wenn der politische Wille vorhanden ist. Diese Politik ist mit der Auseinandersetzung um das geplante EU-USA-Freihandelsabkommen TTIP (vgl. S. 126 ff.) und ähnliche Abkommen zwar massiv unter Druck geraten, bleibt aber nach wie vor das Credo des politischen Mainstreams in den führenden Industrieländern. TTIP und viele andere geplante Freihandelsabkommen würden Regulierungen zugunsten von Nachhaltigkeit noch weiter erschweren: Das geplante Gebot der „regulatorischen Kohärenz" würde jeder Form der berühmten deutschen oder europäischen Umweltpolitik-Vorreiterrollen enorm zusetzen.

Nachhaltiges Wirtschaften belohnen

Wer die Agenda 2030 ernst nimmt, kommt um einen grundlegenden Kurswechsel der global vorherrschenden Wirtschafts- und Handelspolitik nicht herum. Dafür müssen eine Vielzahl an Regulierungen geändert werden. Wer Nachhaltigkeit will, muss regulieren und in Märkte eingreifen. Umwelt- und Sozialdumping darf keine Wettbewerbsvorteile bringen, sondern ist vielmehr wirksam zu unterbinden. Dafür reichen freiwillige Selbstverpflichtungen nicht aus. Nachhaltiges, ökologisches, soziales Wirtschaften muss belohnt werden. Dafür muss man nicht unbedingt mehr, aber anders regulieren. Statt Arbeit zu besteuern und mit Sozialabgaben zu belasten, gilt es beispielsweise den Rohstoff- und Energieverbrauch zu besteuern - keine wirklich neue Idee, sondern der Grundgedanke der Ökologischen Steuerreform in Deutschland von 1999. Produkte wie Smartphones mit einer Vielzahl von seltenen Metallen, deren Herstellung enorme Umweltschäden verursachen, müssen komplett recyclingfähig sein, sonst dürfen sie gar nicht erst auf den Markt gebracht werden. All die umweltschädlichen Subventionen, vor allem für fossile Energien und den Autoverkehr, sind zu streichen.
Wenn solche Maßnahmen zu Handelshemmnissen für nicht-nachhaltige Produkte und Produktionsprozesse führen, ist das gut und erwünscht - Handelsverträge dürfen ökologisch-soziales Wirtschaften nicht mehr unterbinden, sondern müssen es begünstigen. Die Zeit zum Umsteuern ist reif. Nicht-nachhaltige Geschäftsmodelle geraten weltweit in Schwierigkeiten. Die Kohlebranche kämpft in immer mehr Ländern ums Überleben, Konzerne wie RWE schreiben tiefrote Zahlen und werden nur weiterbestehen, wenn sie sich rasch von der Kohle trennen. Monsanto steht wie kein anderer Konzern für ein

agrarindustrielles Modell auf der Basis von patentiertem Gentechniksaatgut und Pestiziden - und schreibt ebenfalls tiefrote Zahlen. Die Autoindustrie ist spätestens seit dem VW-Skandal vom Herbst 2015 am Wendepunkt angelangt: Der Konzern, der nicht rasch ein völlig neues Geschäftsmodell mit zukunftsfähiger Mobilität findet, hat keine Zukunft. Die üblichen Rettungsreflexe der Politik sind hier völlig fehl am Platz.
23 Jahre Rio-Prozess haben gezeigt: Wer Nachhaltigkeit weiterhin als Ressortaufgabe an Umwelt- und Entwicklungsministerien delegiert, wird scheitern. Wir müssen die Handels- und Wirtschaftspolitik angehen. Sonst bleibt die Agenda 2030 Schall und Rauch.

Anmerkung

(1) Vgl. Rockström, Johan et al.: Planetary Boundaries: Exploring the Safe Operating Space for Humanity. In: Ecology and Society 2/2009.

Wie lautet Ihr ganz persönliches Nachhaltigkeitsziel?

a) Die arbeitsintensivsten Baustellen wie TTIP, CETA, TiSA erfolgreich von der politischen Tagesordnung abräumen und dann mehr Zeit für eine nachhaltige Lebensgestaltung haben - ich kann es gar nicht erwarten!

b) Was alle Menschen weltweit verbindet, ist der Wunsch, in Frieden, Freiheit, Gerechtigkeit und gesunder Umwelt zu leben. Das sollte der Motor für all unser Handeln sein.

Zum Autor, zur Autorin

a) Jürgen Maier, geb. 1963, hat Politikwissenschaften studiert. Er ist seit 1996 Geschäftsführer des Forums Umwelt und Entwicklung, davor leitete er die Asienstiftung und war Bundesvorstandsmitglied der Grünen.

b) Marie-Luise Abshagen, geb. 1987, hat Ostasien- und Politikwissenschaften studiert. Sie ist seit 2013 Referentin für nachhaltige Entwicklung beim Forum Umwelt und Entwicklung.

Kontakt

Jürgen Maier, Marie-Luise Abshagen
Forum Umwelt & Entwicklung
E-Mail chef@forumue.de,
abshagen@forumue.de

Die Rolle der Privatwirtschaft

Nachhaltige Unternehmen als Katalysatoren

Von Antje von Dewitz und Lisa Fiedler

Die Privatwirtschaft spielt eine bedeutende Rolle bei der Umsetzung der SDGs. Vor allem die Industrieländer sind in der Pflicht, Unternehmen zu fördern, die Verantwortung übernehmen und im Einklang mit Mensch und Natur wirtschaften.

In der dritten der fünf politischen Kernbotschaften der Agenda 2030 für nachhaltige Entwicklung drückt die internationale Staatengemeinschaft ihre Entschlossenheit aus: Sie will sicherstellen, dass alle Menschen ein erfülltes Leben unter guten Bedingungen führen können (vgl. S. 56). Dass die Anstrengungen in der Armutsbekämpfung verstärkt werden müssen, führen die dramatischen Ergebnisse des Abschlussberichts der Millienniumsentwicklungsziele deutlich vor Augen. Er bilanziert beim Thema Armut (1): Die Anzahl der Menschen, die in extremer Armut leben, also von weniger als 1,25 US-Dollar am Tag, ist seit 1990 um mehr als die Hälfte gesunken. Dennoch trifft dieses Armutskriterium im Jahr 2015 noch immer auf 865 Millionen Menschen weltweit zu. Extreme Armut konzentriert sich dabei mit 80 Prozent auf die beiden Regionen Afrika südlich der Sahara und Südasien.

Ein weiterer Indikator für geringen sozioökonomischen Wohlstand in den Entwicklungsregionen ist die Beschäftigungsquote, also der Anteil der Beschäftigten im erwerbsfähigen Alter an der Bevölkerung. Eine Beschäftigungsmöglichkeit ist eine Grundvoraussetzung, um Wohlstand zu erreichen. Von 1991 bis 2015 ist die Beschäftigungsquote weltweit von 62 auf 60 Prozent gesunken. Besonders stark ist der

> **„Wir sind entschlossen, dafür zu sorgen, dass alle Menschen ein von Wohlstand geprägtes und erfülltes Leben genießen können und dass sich der wirtschaftliche, soziale und technische Fortschritt in Harmonie mit der Natur vollzieht."**
>
> _ Aus der Präambel der Agenda 2030 für nachhaltige Entwicklung zu „Wohlstand" (Prosperity)

Rückgang in den Entwicklungsregionen mit 3,3 Prozentpunkten im Gegensatz zu einem Prozentpunkt in den entwickelten Regionen. Doch nicht nur zwischen den Ländern, sondern auch innerhalb der Länder hat die soziale Ungleichheit stark zugenommen.

Dass die neuen Ziele nicht nur für Entwicklungs- und Schwellenländern, sondern auch für Industrieländer gelten, ist ein notwendiger Schritt. Industriestaaten, die Länder mit dem größten sozialen Wohlstand, verursachen schließlich die größten Umweltschäden. So lag der durchschnittliche CO_2-Ausstoß 2012 in den entwickelten Ländern bei zehn Tonnen pro Kopf und Jahr, während er in den Entwicklungsregionen nur drei Tonnen maß. Und würden sie ihre Verantwortung für nachhaltige Entwicklung konsequent wahrnehmen, hätte dies die größte Hebelwirkung in der Vermeidung von Umweltschäden weltweit.

Verantwortung hüben wie drüben

Die Privatwirtschaft ist eine bedeutende Akteurin in der Umsetzung der neuen Ziele, denn sie prägt die ökologischen, sozialen und wirtschaftlichen Bedingungen ihres Herkunftslandes. Unternehmen beeinflussen darüber hinaus durch ihr wirtschaftliches Handeln in globalen Lieferketten die Bedingungen und die Entwicklung in den Ländern ihrer Zulieferer. Das gilt nicht nur für Großkonzerne, sondern auch für international agierende und produzierende kleine und mittlere Unternehmen.

Unternehmen, die bewusst Verantwortung für ihr gesamtes wirtschaftliches Handeln wahrnehmen, sind daher eine wesentliche Säule dafür, weltweiten wirtschaftlichen, sozialen und technologischen Fortschritt in Einklang mit der Natur zu fördern. Dazu zählt neben der Verantwortung am eigenen Standort für Mitarbeiter(innen) und Produktion auch diejenige in der Lieferkette für Zulieferer, Vorprodukte und die Mitarbeiter(innen) der Zulieferer. Die Verankerung der Verantwortung der Privatwirtschaft und ihrer bedeutenden Rolle in der Agenda 2030 ist daher entscheidend für deren erfolgreiche Umsetzung.

Im Gegensatz zu den vorangegangenen Millenniumsentwicklungszielen wird die Privatwirtschaft in den nachhaltigen Entwicklungszielen direkt adressiert. Unterziel 12.6 fordert, „[d]ie Unternehmen, insbesondere große und transnationale Unternehmen, dazu [zu] ermutigen, nachhaltige Verfahren einzuführen und in ihre Berichterstattung Nachhaltigkeitsinformationen aufzunehmen". Die Wichtigkeit von Unternehmen für die nachhaltige Entwicklung weltweit wurde in der Agenda 2030 richtig erkannt. Allerdings benennt damit lediglich ein von 169 Unterzielen die Privatwirtschaft konkret, was der Bedeutung ihres Einflusses für Wohlstand und nachhaltige Entwicklung bei Weitem nicht gerecht wird.

Schätzenswert ist die positive und auffordernde Formulierung. Die Zielformulierung lässt jedoch offen, wie es gelingt, Unternehmen dazu zu ermutigen, in Einklang mit und zum Wohle von Mensch und Natur zu wirtschaften. Dazu bedarf es einer konkreteren und mutigeren Aussage wie etwa: Die internationale Staatengemeinschaft ist entschlossen, Anreize zu setzen und staatliche Rahmenbedingungen, etwa rechtliche Vorteile bei Krediten, Steuern oder im internationalen Handel, für nachhaltiges Wirtschaften zu schaffen.

Neues Leitbild für unternehmerisches Handeln

So stellt sich die Frage, durch welche Maßnahmen Unternehmen dazu beitragen können, wirtschaftlichen, sozialen und technologischen Fortschritt in Harmonie mit der Natur zu erzielen und Wohlstand zu fördern. Dafür ist ein neues Leitbild für unternehmerisches Handeln notwendig, das in der gesamten Lieferkette Verantwortung für Mensch und Natur übernimmt. Die Initiative der Gemeinwohlökonomie bietet Unternehmen eine solche Leitlinie für nachhaltiges Wirtschaften. Die Gemeinwohlbilanz bewertet Unternehmen nach ihrem Beitrag für das Gemeinwohl und nicht nur nach ihrem wirtschaftlichen Erfolg. (2)

Doch ist es überhaupt realistisch, nach diesem Leitbild zu wirtschaften? Dass der Weg herausfordernd und lang ist, sehen wir beim Outdoor-Ausrüster VAUDE vor allem bei unseren Materialherstellern und Produzenten in Europa und Asien. Die Umweltauswirkungen sind dort erheblich größer als durch unseren Geschäftsbetrieb am Firmenhauptsitz und die Arbeitsbedingungen müssen besonders sorgfältig überprüft werden. Herausfordernd ist dabei, dass wir unsere Materialhersteller und Produzenten vom nachhaltigen Wirtschaften oft erst einmal überzeugen müssen, da es sich um eigenständige Unternehmen handelt. Schwierig ist auch, die komplette Transparenz für die Lieferkette sicherzustellen. Die erforderlichen Daten für ein erfolgreiches Nachhaltigkeitsmanagement, wie beispielsweise Wasserverbrauch in der Materialherstellung, sind häufig nicht verfügbar.
Kooperationen mit externen Partnern helfen uns dabei, unseren eigenen Anforderungen gerecht zu werden. Seit 2001 arbeiten wir mit dem strengen textilen Umweltstandard Bluesign zusammen. Dieser Standard stellt sicher, dass nur Materialien verwendet werden, die weder Mensch noch Umwelt belasten. Als Mitglied der Fair Wear Foundation (FWF), einer unabhängigen Non-Profit-Organisation, verpflichtet sich VAUDE, einen strikten Verhaltenskodex für Sozialstandards einzuhalten, der jährlich überprüft wird.
Wir haben auf dem Weg hin zu einem nachhaltigen Unternehmen wichtige Meilensteine erreicht. Es ist uns aber bewusst, dass der Weg noch nicht zu Ende ist. Ein wichtiger nächster Schritt ist, noch tiefer in die Wertschöpfungskette einzusteigen und unsere Materiallieferanten dabei zu unterstützen, ein systematisches Umwelt- und Schadstoffmanagement aufzubauen. (3)

Systemische Herausforderungen nachhaltigen Wirtschaftens

Faire Sozialstandards und umweltfreundliche Alternativen sind oftmals mit höheren Kosten verbunden als konventionelles Wirtschaften. Der Grund dafür ist, dass in der konventionellen Produktion negative soziale und ökologische Auswirkungen auf die Allgemeinheit, sogenannte externe Effekte, entstehen können. Diese verursachen Kosten, die nicht vom Verursacher, sondern von der Allgemeinheit getragen werden, und die nicht in Marktpreis des Produktes eingepreist sind. Produktionsverfahren, die diese negativen Auswirkungen vermeiden, sind in vielen Fällen mit höheren Kos-

> **„Lediglich ein von 169 Unterzielen benennt die Privatwirtschaft konkret, was der Bedeutung ihres Einflusses auf Wohlstand und nachhaltige Entwicklung bei Weitem nicht gerecht wird.“**

ten verbunden. Diese Kosten trägt der Hersteller und sie wirken sich auf den Marktpreis des Produktes aus. Die durch die höheren Kosten des nachhaltigen Wirtschaftens bedingten höheren Marktpreise führen zu einer weiteren Herausforderung für nachhaltige Unternehmen. Diese müssen das Bewusstsein bei Kund(inn)en und Verbraucher(inne)n für einen nachhaltigen Konsum wecken sowie transparent und glaubwürdig die Differenzierung ihres nachhaltigen Produkts zu konventionellen Alternativen darstellen, um marktfähig zu bleiben.
Um die geschilderten Herausforderungen erfolgreich zu bewältigen, bedarf es aus unserer Sicht angepasster staatlicher Rahmenbedingungen. Dazu können rechtliche Vorteile für nachhaltige Unternehmen zählen. Zudem ist es sinnvoll, negative Auswirkungen stärker ihrem Verursacher zuzuordnen, der dann für die Kosten aufkommen muss. Ein Beispiel dafür ist, dass jedes Unternehmen verbindlich die von ihm verursachten CO_2-Emissionen kompensiert. Ein weiterer wichtiger Aspekt ist, dass Unternehmen obligatorisch auch über ihre ökologische und soziale Verantwortung berichten. Dies schafft Transparenz und fördert die Bereitschaft der Kund(inn)en und Konsument(inn)en, sich für nachhaltige Produkte zu entscheiden.

Kurzfristiger Nachteil schmälert wirtschaftlichen Erfolg nicht

Durch die Einführung solcher staatlicher Rahmenbedingungen werden Aufwand und Kosten nachhaltigen Wirtschaftens ausgeglichen. Unternehmen, die bereits nachhaltig wirtschaften, können verstärkt als Katalysatoren wirken. Jene Unternehmen, die noch nicht nachhaltig wirtschaften, werden durch ökonomische und quantifizierbare Vorteile dazu angeregt, ihrer gesellschaftlichen Verantwortung in der Praxis gerecht zu werden.

Vor allem die Industrieländer sind in der Pflicht, als Vorbilder voranzugehen. Sie haben einen deutlichen Erfahrungs- und Technologievorsprung gegenüber Schwellen- und Entwicklungsländern. Insbesondere Deutschland hat die Chance, durch nachhaltige Rahmenbedingungen als Vorreiter langfristig einen Standortvorteil zu gewinnen. Unsere Erfahrungen bei VAUDE und die anderer nachhaltiger Unternehmen zeigen, dass sich ein kurzfristiger wirtschaftlicher Nachteil aufgrund höheren Aufwands und höherer Kosten langfristig in ein Alleinstellungmerkmal und wirtschaftlichen Erfolg umwandeln lässt.

Anmerkungen

(1) Vereinte Nationen (2015): Millenniums-Entwicklungsziele Bericht 2015, Download: www.un.org/depts/german/millennium/MDG%20Report%202015%20German.pdf
(2) www.ecogood.org
(3) Vgl. VAUDE-Nachhaltigkeitsbericht unter http://nachhaltigkeitsbericht.vaude.com

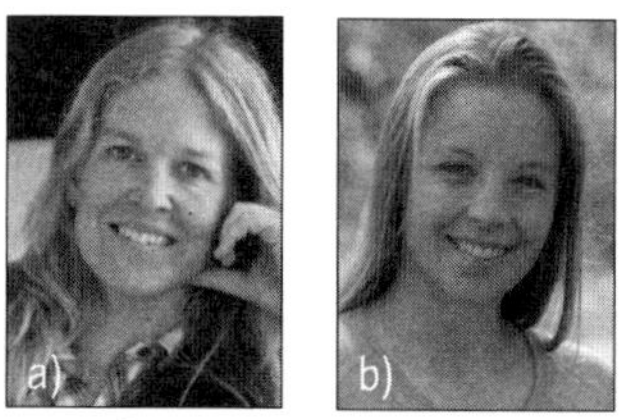

Wie lautet Ihr ganz persönliches Nachhaltigkeitsziel?

a) Dass meine Kinder nachhaltig denkende und handelnde Menschen werden.
b) Ich motiviere und überzeuge meine Mitmenschen, langfristig und ganzheitlich zu denken und zu handeln.

Zu den Autorinnen

a) Antje von Dewitz, geb. 1972, ist Geschäftsführerin des Outdoor-Ausrüsters VAUDE. Nach ihrem Studium der Wirtschafts- und Kulturraumstudien war sie bei VAUDE zunächst als Produktmanagerin, später als Marketingleiterin tätig. 2009 übernahm sie die Geschäftsführung.
b) Lisa Fiedler, geb. 1987, ist Mitarbeiterin des CSR-Teams bei VAUDE und in der Stabstelle für Unternehmensentwicklung tätig. Sie hat Volks- und Betriebswirtschaft mit den Schwerpunkten Entwicklungsökonomik und nachhaltige Entwicklung studiert.

Kontakt

Dr. Antje von Dewitz, Lisa Fiedler
VAUDE Sport GmbH & Co. KG
E-Mail Lisa.Fiedler@vaude.com

Die Friedensdimension der Agenda 2030

Kooperation statt Konfrontation

Von Marc Baxmann

Ohne Frieden keine nachhaltige Entwicklung – das hat die internationale Staatengemeinschaft endlich anerkannt. Sie versucht deshalb mit der Agenda 2030, den Blick stärker auf die tiefer liegenden Ursachen der heutigen Probleme zu richten. Für die Prävention neuer Konflikte braucht es eine neue Kultur der Zusammenarbeit und ein Ende des Schubladendenkens.

Die auf den ersten Blick recht banale Feststellung in der Präambel der Agenda 2030, dass es ohne Frieden keine nachhaltige Entwicklung geben kann und ohne nachhaltige Entwicklung keinen Frieden (vgl. S. 62), ist bei genauerer Betrachtung ein fast nicht für möglich gehaltener Meilenstein internationaler Kooperation. Denn mit dieser Formulierung rückt Frieden ins Zentrum des neuen globalen Rahmenwerks. Trotz erheblicher Widerstände einiger Staaten ist es gelungen, Frieden sowohl als wichtige Voraussetzung für nachhaltige Entwicklung als auch als eigenständiges Nachhaltigkeitsziel – in SDG 16 – aufzunehmen. Die Agenda 2030 erkennt damit an, dass Entwicklung einerseits mehr ist als reines Wirtschaftswachstum und andererseits von Krieg und Gewalt die größten Gefahren für Nachhaltigkeit ausgehen. Letzteres belegt auch die Tatsache, dass alle sieben Länder, die wahrscheinlich kein einziges Millenniumsentwicklungsziel (MDGs) bis Ende 2015 erreichen werden, von Gewalt betroffen sind. (1) Jedes zweite Kind ohne Zugang zu Primärbildung lebt in

> **„Wir sind entschlossen, friedliche, gerechte und inklusive Gesellschaften zu fördern, die frei von Furcht und Gewalt sind. Ohne Frieden kann es keine nachhaltige Entwicklung geben und ohne nachhaltige Entwicklung keinen Frieden."**
>
> _ Aus der Präambel der Agenda 2030 für nachhaltige Entwicklung zu „Frieden" (Peace)

einem Land, in dem ein gewaltsamer Konflikt ausgetragen wird. (2) Vor diesem Hintergrund sind die Trends besorgniserregend: Zunehmend wird sich extreme Armut in Konfliktregionen konzentrieren. Mindestens 62 Prozent der Ärmsten werden nach Berechnungen der OECD im Jahr 2030 in fragilen und von Konflikten betroffenen Staaten leben. Konflikt und Gewalt werden zur „letzten Meile" der Bekämpfung extremer Armut.

Darüber hinaus machen die aktuellen Schlagzeilen deutlich: Die Welt wird wieder unsicherer. Nahm in den vergangenen Jahrzehnten die Anzahl bewaffneter Konflikte weltweit ab, stieg sie dem Uppsala Conflict Data Program zufolge zuletzt wieder an. (3) Symptomatisch dafür steht die weltweite Flüchtlingskrise mit derzeit etwa 60 Millionen Menschen auf der Flucht. Gewalt ist aber nicht nur ein Problem der ärmsten Länder: Auch in aufstrebenden Ländern steigt das Konfliktpotenzial aufgrund der Ausgrenzung vom sozio-ökonomischen Fortschritt. Radikalisierung und schwindender sozialer Zusammenhalt sind besorgniserregende Entwicklungen in Deutschland und Europa.

Die SDGs sind daher auch eine Reaktion auf eine komplexer, umstrittener und vernetzter werdende Welt. Sie bieten damit das Potenzial, den entwicklungspolitischen Diskurs wieder in die richtige Richtung zu lenken. Denn im Zentrum der MDGs standen eher ausgewählte Symptome von Armut und Ungerechtigkeit und weniger ihre tiefer liegenden Ursachen. Vor allem haben sie nicht berücksichtigt, dass gesellschaftlicher Wandel ein inhärent politischer Prozess ist. Im Gegenteil haben sie eher Anreize geliefert, Fortschritte technisch zu messen und entsprechend die Ressourcen zu investieren. Bei den SDGs kann zumindest keiner behaupten, sie seien zu eng geführt. Allerdings wird bereits versucht, die 17 Ziele und 169 Unterzeile als zu komplex und deshalb wenig zielführend zu diskreditieren. Diese Sehnsucht nach einem technischen Entwicklungsverständnis à la MDGs ist jedoch wenig hilfreich.

Kein Standardrezept für globalen Frieden

Strategien und Rezepte für eine friedliche Entwicklung lassen sich nicht auf globaler Ebene definieren, sondern müssen in lokalen Prozessen errungen und an den lokalen Kontext angepasst werden. Die Agenda 2030 kann diesen Weg nicht präskriptiv für jedes Land festlegen - und erhebt diesen Anspruch auch gar nicht. Man mag darüber hinaus argumentieren, dass die SDGs keine Antwort auf den Ordnungsverfall in vielen Regionen liefern. Und es stimmt auch, dass die SDGs für akute Krisen - wie in Syrien, Libyen, Jemen oder dem Südsudan - erstmal nicht viel mehr als eine positive Vision bieten.

Aber vielleicht wird genau diese derzeit dringend benötigt. Schließlich beobachten wir, wie Nationen zunehmend im individuellen, kurzfristigen Interesse handeln und nicht im globalen, langfristigen Interesse. Die Außenwelt wird mehr als Bedrohung anstatt als Kooperationspartner für die Lösung globaler Herausforderungen gesehen. Die Welt braucht vielleicht mehr denn je eine langfristige Vision, die die tiefer liegenden Ursachen der heutigen Probleme angeht, um von Krisenreaktion auf Krisenprävention umschalten zu können. Die Agenda 2030 kann trotz der aktuellen, akuten Krisen- und Kriegssituationen dabei helfen, den Blick auf die langfristigen Herausforderungen friedlicher Entwicklung zu lenken.

Und sie kann zumindest Orientierung geben und die wesentlichen Elemente benennen, die für eine friedliche und nachhaltige Entwicklung notwendig sind. Tatsächlich sind viele wichtige Anliegen aus der Friedensförderung in SDG 16 eingeflossen: unter anderem die Reduzierung von Gewalt, die Berücksichtigung globaler Konflikttreiber wie Waffenhandel und illegale Finanzflüsse, die gerechte Bereitstellung von Sicherheits- und Justizdienstleistungen, transparente, rechenschaftspflichtige und inklusive Institutionen, die Eindämmung von Korruption, inklusives Wachstum oder die Partizipation aller sozialen Gruppen an politischen Entscheidungsprozessen. Darüber hinaus ist ein wesentlicher Konfliktfaktor, nämlich die Ausgrenzung bestimmter sozialer Gruppen oder von Regionen, auch in anderen Zielen verankert. So spricht SDG 10 zum Beispiel die Reduzierung von sozialen und ökonomischen Ungleichheiten zwischen sozialen Gruppen an. Damit gibt die Agenda 2030 den Akteuren vor Ort ein Instrument in die Hand, um gesellschaftlichen Wandel auch gegen Widerstände einzufordern. Idealerweise werden sich Regierungen daran messen lassen müssen, ob sie die Agenda im Rahmen eines offenen gesellschaftlichen Dialogs über den jeweiligen Weg zur friedlichen Entwicklung umsetzen.

Externe Akteure sind gefordert, diese Dialogräume zu stärken. Denn komplexe Probleme - wie chronische Armut, Marginalisierung und strukturelle Ausgrenzung bestimmter Bevölkerungsgruppen - sind in erster Linie politischer Natur und lassen sich nicht mit vorgefertigten technischen Ansätzen von außen lösen (vgl. S. 100 ff.). Selbst scheinbar technische Herausforderungen wie die Bereitstellung sozialer Dienstleistungen oder das Management natürlicher Ressourcen haben immer einen politischen Kern. Nachhaltige Entwicklung ist das Ergebnis eines komplexen, unübersichtlichen und endogenen gesellschaftlichen Prozesses, der sich von außen weder steuern noch kontrollieren lässt.

Die SDGs erfordern hier auch ein Umdenken der internationalen Gebergemeinschaft, sich weniger als Problemlöser, sondern vielmehr als Begleiter innergesellschaftlicher Prozesse zu begreifen. Ausgangspunkt muss ein gemeinsames Verständnis der politischen Interessen aller beteiligter Gruppen und deren Beziehungen untereinander sein. Erst danach lässt sich entscheiden, ob und wie Entwicklungszusammenarbeit die Prozesse unterstützen kann.

Risiken und Nebenwirkungen

Bei der Umsetzung der Agenda 2030 ergeben sich Gefahren und Grenzen, die zum Teil politischer Natur, zum anderen auch im System internationaler Kooperation selber angelegt sind: Erstens ist SDG 16 trotz aller Errungenschaften keinesfalls perfekt. Den Unterzielen fehlt eine innere Logik, und eine Reihe von friedensrelevanten Aspekten ist nicht adäquat abgebildet. Zum Beispiel gibt es keine Verpflichtung auf gewaltfreie Konflikttransformation, keinen Hinweis auf Toleranz als wesentliche Voraussetzung für inklusive Gesellschaften und auch keine Erwähnung von Aussöhnung als wichtige Bedingung für gesellschaftliches Zusammenleben nach Zeiten von Gewalt und autoritärer Herrschaft. Kompromisse mussten ebenfalls eingegangen werden bei Formulierungen zu guter Regierungsführung, Rechtsstaatlichkeit und Freiheitsrechten. Besser wäre es auch gewesen, wenn die Schnittstellen zwischen Frieden und anderen Sektoren – wie Bildung, Gesundheit, Land oder Energie – in den Zielen expliziter dargestellt wären. Eine kohärente Friedenspolitik lässt sich daher nur bedingt auf Grundlage der Agenda 2030 entwickeln und umsetzen.

„Die Agenda 2030 gibt den Akteuren vor Ort ein Instrument in die Hand, um gesellschaftlichen Wandel auch gegen Widerstände einzufordern."

Zweitens besteht die Gefahr, dass die SDGs als Blaupause missverstanden werden und die globalen Ziele und Indikatoren eins zu eins in nationale Strategien überführt werden. Es wäre jedoch nicht nur vermessen zu erwarten, dass nationale Prioritäten global festgelegt werden können, gerade in SDG 16 sind die Unterziele sehr vage formuliert. Was heißt zum Beispiel „Alle Formen der Gewalt und die gewaltbedingte Sterblichkeit überall deutlich verringern"? Hier braucht es partizipative Prozesse auf nationaler Ebene, um diese Ziele präziser zu formulieren und ein ambitioniertes, aber gleichzeitig realistisches Zielniveau zu definieren.
Drittens birgt die Nutzung von eher vagen Begriffen und Zielformulierungen auch das Risiko der Vereinnahmung durch kurzfristige Sicherheitsinteressen zur Terrorismus- und Kriminalitätsbekämpfung. Die Agenda 2030 eröffnet anderseits Möglichkeiten für den politikfeldübergreifenden Dialog zwischen Entwicklungs- und Sicherheitspolitik. Die Herausforderung wird dabei sein, die langfristigen Ansätze der Agenda 2030 in den Vordergrund zu stellen. Hierfür sind Partnerschaften wie die Arbeitsgemeinschaft Frieden und Entwicklung hilfreich, die staatliche und zivilgesellschaftliche Akteure aus dem entwicklungs- und friedenspolitischen Bereich zusammenbringen.

Viertens müssen friedenspolitische Organisationen auch über die Inhalte von SDG 16 die Deutungs- und Kommunikationshoheit behalten. Es macht einen erheblichen Unterschied, ob von der Stärkung friedlicher Gesellschaften und inklusiver Institutionen die Rede ist oder, wie bereits häufig zu lesen ist, SDG 16 auf die Förderung starker Institutionen reduziert wird. Hier lauert die Gefahr, dass gescheiterte State-building-Ansätze wiederholt, anstatt transformative Ansätze gestärkt werden.
In der Präambel der Agenda 2030 wird die integrierte Natur der Ziele betont und gefordert, die Dinge im Zusammenhang zu sehen. Frieden und Inklusivität definiert sie damit als wesentliche Bedingung für die Erreichung anderer Ziele. Die viel beschworene Große Transformation kennt nicht nur Sieger und wird Widerstände und neue Konflikte mit sich bringen, deshalb bedarf sie der Begleitung durch zielgerichtete Prävention und Konfliktbearbeitung. Dies erfordert eine neue Kultur der Zusammenarbeit von Entwicklungs-, Friedens- und Umweltorganisationen, ein Ende des Schubladendenkens und die Entwicklung von integrierten Strategien und politikfeldübergreifenden Partnerschaften zum Austausch von Erfahrungen und Wissen. Aus Friedensperspektive wäre es zumindest wichtig, einen konfliktsensiblen Ansatz bei der Verfolgung aller Ziele zu wählen und die Friedenspotenziale in anderen Sektoren zu suchen und zu nutzen.

Friedensförderung als globale Zukunftsaufgabe

In einer Welt ökonomischer, politischer, sozialer und ökologischer Vernetzung sind auch Konfliktursachen nicht allein lokaler Natur. Die Dynamik von gewaltsamen Konflikten wird von regionalen und globalen Faktoren beeinflusst – gleichzeitig haben gewaltsame Konflikte Auswirkungen auf globale Entwicklungen. Kein Land der Welt kann allein mit nationalen Maßnahmen wirksam gegen den illegalen Handel mit Waffen, Drogen, Konfliktrohstoffen oder Menschen vorgehen. Es ist daher begrüßenswert, dass die SDGs im Gegensatz zu den MDGs für alle Länder konzipiert wurden und universelle Gültigkeit beanspruchen. Frieden wird damit zu einem gemeinsamen globalen Ziel – Friedensförderung zur globalen Zukunftsaufgabe.
Auch für reiche Länder heißt dies, ernsthaft zu prüfen, wie sich SDG 16 in nationale Ziele und Indikatoren sowie Verfahren und Instrumente übersetzen lässt. Um SDG 16 gerecht zu werden, hat Deutschland beispielsweise die Verantwortung, die nega-

tiven Wirkungen eigenen Handelns auf die Dynamik lokaler Konflikte in anderen Ländern zu reduzieren. Zum Beispiel braucht es verpflichtende Regelungen zum Umgang mit Rohstoffen, deren Abbau und Handel Konfliktparteien und Gewaltakteuren zur Finanzierung dienen, was wiederum komplexe Konfliktdynamiken beeinflusst. Einige Bausteine für eine globale Partnerschaft zur Umsetzung von SDG 16 wären:

- eine restriktivere Rüstungsexportpolitik, unter anderem die Reduzierung des Exports kleiner und leichter Waffen sowie eine effektivere Endverbleibskontrolle,
- die Bekämpfung illegaler Finanzströme und die Rückführung gestohlener Vermögenswerte (4),
- die Stärkung von Haftungs- und Sorgfaltspflichten entlang der Wertschöpfungsketten (5),
- die Gestaltung einer menschenrechtskonformen und friedensorientierten Migrations- und Flüchtlingspolitik (6) sowie
- eine nachhaltige Ernährungs- und Energiepolitik, die die negativen Folgen hinsichtlich des Flächenverbrauchs in Entwicklungsländern und die damit verbundenen Konfliktpotenziale berücksichtigt.

Diese unvollständige Liste zeigt bereits, dass die Verantwortung für die Umsetzung nicht nur bei entwicklungspolitischen Akteuren liegt und die Prioritäten und Umsetzungsschritte in einer breiten Debatte definiert werden sollten, die vor Zielkonflikten nicht zurückschreckt.

Mit der Agenda 2030 und insbesondere SDG 16 gibt es die Chance, die unterschiedlichen nationalen und globalen Konfliktursachen stärker ins Blickfeld zu nehmen und die globale Verantwortung für die Prävention von gewaltsamen Konflikten – und nicht die Reaktion darauf – in den Vordergrund zu stellen. Wichtig wird es sein, einer Vereinnahmung durch kurzfristige Sicherheitsinteressen und einem einseitigen Fokus auf starke Institutionen zu widerstehen und eine kohärente Umsetzungsstrategie zu entwickeln.

Anmerkungen

(1) OECD (2015): States of Fragility 2015 - Meeting Post-2015 Ambitions. Paris. Download unter www.oecd-ilibrary.org/development/states-of-fragility-2015_9789264227699-en
(2) UNESCO: Half of All Out-of-school Children Live in Conflict-Affected Countries. www.unesco.org/new/en/media-services, Meldung vom 11.7.2013
(3) http://jpr.sagepub.com/content/52/4/536.abstract
(4) Beisheim, Marianne/Vorrath, Judith: Organisierte Kriminalität in der „Agenda 2030 für Nachhaltige Entwicklung". Indikatoren und Maßnahmen für die internationale und nationale Umsetzung. In: SWP-Aktuell 9/2015. Download unter www.swp-berlin.org
(5) Brot für die Welt: Die negative Seite der Automobil-Industrie. Download unter www.brot-fuer-die-welt.de (Themen / Menschenrechte und Frieden / Die negative Seite der Automobil-Industrie)
(6) Heinrich, Wolfgang: Leitbild Frieden - Was heißt friedenslogische Flüchtlingspolitik? http://info.brot-fuer-die-welt.de/blog/wolfgang-heinrich, Meldung vom 03.8.2015

Wie lautet Ihr ganz persönliches Nachhaltigkeitsziel?

Um es SDG-esk unpräzise zu formulieren: meinen Warenkorb signifikant nachhaltiger füllen und es auch mal „genug sein lassen".

Zum Autor

Marc Baxmann, geb. 1980, ist Politikwissenschaftler und arbeitet als Referent für Internationales bei der Arbeitsgemeinschaft Frieden und Entwicklung (FriEnt). Deren Mitglieder berät er zu internationalen Prozessen der Krisenprävention und Friedensförderung, hilft bei der Vernetzung mit internationalen Akteuren und analysiert aktuelle Entwicklungen im Politikfeld.

Kontakt

Marc Baxmann
Arbeitsgemeinschaft Frieden und Entwicklung (FriEnt)
E-Mail marc.baxmann@frient.de

Globale Partnerschaft(en) für die Umsetzung

Selbermachen oder delegieren?

Von Jens Martens

Die Nachhaltigkeitsziele zu erfüllen wird deutlich teurer als die Umsetzung der Millenniumsziele. Die große Frage lautet nun: Übersetzen die Länder die im Verhandlungspoker verwässerten Umsetzungsziele in konkrete Fahrpläne, Strategien und Maßnahmen oder geben sie ihre Verantwortung an globale Multi-Akteur-Partnerschaften ab?

In den Verhandlungen über die SDGs und die Agenda 2030 bestand einer der zentralen Streitpunkte aus einem einzigen Buchstaben. Es ging um die Frage, ob zur Umsetzung der Nachhaltigkeitsziele eine globale Partnership oder neue globale Partnerships erforderlich seien. Was wie eine der üblichen diplomatischen Spitzfindigkeiten wirkt, spiegelt eine grundsätzliche Kontroverse über die Rolle des Staates und die Aufteilung von Verantwortlichkeiten zwischen reichen und armen Ländern bei der Umsetzung der SDGs wider.
Die in der Gruppe der 77 (G77) zusammengeschlossenen Länder des globalen Südens forderten als Voraussetzung für die Verwirklichung der SDGs, die globale Partnerschaft zwischen Nord und Süd neu zu beleben. Dabei betonten sie insbesondere die Verantwortung der klassischen Industrieländer für Entwicklungsfinanzierung, faire Handels- und Investitionsregeln, Technologieförderung und Kapazitätsaufbau. Die USA, die EU und ihre Verbündeten sprachen dagegen von der gemeinsamen Verantwortung aller Länder jenseits der klassischen Nord-Süd-Dichotomie und der Not-

> **„Wir sind entschlossen, die für die Umsetzung dieser Agenda benötigten Mittel durch eine mit neuem Leben erfüllte Globale Partnerschaft für nachhaltige Entwicklung zu mobilisieren, die auf einem Geist verstärkter globaler Solidarität gründet, insbesondere auf die Bedürfnisse der Ärmsten und Schwächsten ausgerichtet ist und an der sich alle Länder, alle Interessenträger und alle Menschen beteiligen."**
>
> _ Aus der Präambel der Agenda 2030 für nachhaltige Entwicklung zu „Partnerschaft" (Partnership)

wendigkeit neuer (globaler) Partnerschaften öffentlicher und privater Akteure. „Der umfassende Zielkatalog lässt sich nicht allein von Regierungen umsetzen", hatte die Bundesregierung in ihrem Positionspapier zur Agenda 2030 im Dezember 2014 festgestellt: „Neben Regierungen müssen u.a. auch Zivilgesellschaft, Privatwirtschaft und Wissenschaft eine tragende Rolle im Entwicklungsprozess und in der konkreten Ausfüllung des Partnerschaftsgedankens einnehmen." (1) Dies begründet sie auch mit den Kosten für die Realisierung der SDGs. Denn für die Verwirklichung der globalen Nachhaltigkeitsziele werden deutlich mehr Ressourcen benötigt als für die Verwirklichung ihrer Vorgänger, der Millenniumsentwicklungsziele (MDGs), die sich hauptsächlich auf die Armutsbekämpfung und soziale Entwicklung in Ländern des Südens konzentrierten.
Die multilateralen Entwicklungsbanken hatten dazu im Frühjahr 2015 unter Federführung der Weltbank ein viel beachtetes Papier mit dem programmatischen Titel „From Billions to Trillions – Transforming Development Finance" veröffentlicht. Seine Kernaussage lautet: Anstelle der Milliarden US-Dollar, die für die Verwirklichung der MDGs veranschlagt wurden, werden für die Verwirklichung der SDGs Billionen US-Dollar benötigt. (2) Die öffentliche Entwicklungsfinanzierung der traditionellen „Geberländer", die 2014 bei rund 135 Milliarden US-Dollar lag, könne nur einen Bruchteil des geschätzten Finanzbedarfs decken. Erforderlich sei es daher vor allem, privates Kapitel für Zwecke nachhaltiger Entwicklung nutzbar zu machen. Dies solle

mithilfe von Investitionsanreizen, staatlichen Garantien, diversen Formen der Mischfinanzierung („Blending") und öffentlich-privaten Partnerschaften geschehen.
Dass sich die Agenda 2030 der Vereinten Nationen nicht darauf beschränkt, einige hehre Ziele zu definieren, sondern auch die Mittel beschreibt, die zu ihrer Umsetzung benötigt werden, ist zweifellos ein Fortschritt gegenüber den MDGs. Dies geschah vor allem auf Drängen der G77-Länder. Die neue Entwicklungsagenda trägt ihren Forderungen in dreifacher Weise Rechnung:
Erstens enthält der SDG-Katalog das eigenständige Ziel 17 („Umsetzungsmittel stärken und die Globale Partnerschaft für nachhaltige Entwicklung mit neuem Leben erfüllen") mit 19 Unterzielen zu den Bereichen Finanzierung, Technologie, Capacity Building, Handel, Kohärenz, Multi-Akteur-Partnerschaften sowie Daten, Überwachung und Rechenschaftspflicht.

Finanzierung im Vorfeld klären

Zweitens umfasst auch jedes der übrigen SDGs mehr oder weniger allgemein formulierte Zielvorgaben, die für die Umsetzung des jeweiligen Ziels notwendige Maßnahmen beschreiben. Zu den Zielvorgaben zählen beispielsweise die Abschaffung aller Formen von Agrarexportsubventionen und aller Exportmaßnahmen mit gleicher Wirkung sowie die Rationalisierung der „ineffizienten Subventionierung fossiler Brennstoffe, die zu verschwenderischem Verbrauch verleitet" (SDG 12 c).
Drittens schließlich enthält die Agenda 2030 neben den SDGs ein eigenes Kapitel zum Thema „Umsetzungsmechanismen und Globale Partnerschaft". Dabei handelt es sich im Wesentlichen um eine knappe Zusammenfassung der Aktionsagenda von Addis Abeba. In der äthiopischen Hauptstadt fand im Juli 2015 die dritte internationale Konferenz über Entwicklungsfinanzierung („Financing for Develoment", FfD) statt. Die G77 hatte im Vorfeld argumentiert, dass sie ambitionierten Entwicklungszielen nur zustimmen könne, wenn im Voraus im Rahmen dieser Konferenz die Frage ihrer Finanzierung geklärt sei. Das Konferenzergebnis sollte quasi das Aktionsprogramm für die SDGs bilden. Die EU, die USA und ihre Verbündeten hatten dagegen ursprünglich für diese Konferenz einen Termin nach dem SDG-Gipfel favorisiert.
Dass Fragen der Umsetzung und Finanzierung der SDGs in der Agenda 2030 so prominent auftauchen, hatte allerdings ihren Preis. Denn die Umsetzungsziele im SDG-

Katalog, die überwiegend die Verantwortung der reichen Länder definieren, wurden im Verhandlungspoker so stark verwässert, dass sich aus ihnen kaum spezifische Handlungsverpflichtungen ableiten lassen. So lautet das erste Umsetzungsziel von SDG 1 („Armut in allen ihren Formen und überall beenden"): „Eine erhebliche Mobilisierung von Ressourcen aus einer Vielzahl von Quellen [ist zu] gewährleisten, einschließlich durch verbesserte Entwicklungszusammenarbeit, um den Entwicklungsländern und insbesondere den am wenigsten entwickelten Ländern ausreichende und berechenbare Mittel für die Umsetzung von Programmen und Politiken zur Beendigung der Armut in all ihren Dimensionen bereitzustellen."

Fülle an Initiativen: pragmatisch oder exklusiv?

Einen ähnlichen Abstraktionsgrad weist auch die Aktionsagenda von Addis Abeba auf. (3) Zwar umfasst sie eine breite Themenpalette, die von der Mobilisierung heimischer Ressourcen und privater Kapitalflüsse über die klassische Entwicklungszusammenarbeit bis zu Fragen des Technologietransfers reicht. Konkrete Verpflichtungen zum Handeln, die der Titel „Aktionsagenda" suggeriert, enthält sie aber kaum. So wiederholen die Regierungen in der Aktionsagenda beispielsweise einmal mehr die alte Verpflichtung zur Erhöhung der öffentlichen Entwicklungsfinanzierung auf 0,7 Prozent des Bruttonationaleinkommens, sie deuten aber nicht einmal an, auf welche Weise und bis zu welchem Zeitpunkt sie ihr nun nachkommen wollen.
Als Erfolg verbuchte die G77 die Entscheidung, einen sogenannten „Technology Facilitation Mechanism" einzurichten. Er soll die Bereitstellung innovativer Technologien für die ärmeren Länder unterstützen. Ob diese Maßnahme dazu beiträgt, die Hindernisse für die Entwicklungsländer beim Zugang zu Technologien zu reduzieren, wie sie beispielsweise durch die internationalen Patentregeln bestehen, ist jedoch fraglich.
Fast gescheitert wären die Verhandlungen in Addis Abeba an den Differenzen über den Vorschlag, die internationale Steuerkooperation unter dem Dach der UN zu stärken. Eine neue zwischenstaatliche Kommission für Steuerfragen sollte unter anderem dafür sorgen, dass die Länder des Südens an den internationalen Entscheidungen über die Bekämpfung von Steuerflucht und Steuervermeidung gleichberechtigt beteiligt werden. USA und EU lehnten diesen Vorschlag gemeinsam mit anderen westlichen Verbündeten vehement ab. Die Aktionsagenda von Addis sieht nun lediglich vor,

den bestehenden Expertenausschuss der UN für Steuerfragen graduell zu stärken. Zusätzlich rief die Bundesregierung am Rande der FfD3-Konferenz die Addis Tax Initiative ins Leben. Mit ihr verpflichten sich die beteiligten (Geber-)Länder unter anderem, die Mittel für die technische Zusammenarbeit zur Stärkung der öffentlichen Finanzen bis zum Jahr 2020 gemeinschaftlich zu verdoppeln. (4)

Die Addis Tax Initiative war eine von rund 65 Initiativen, die am Rande der FfD3-Konferenz angekündigt wurden. (5) Sie sind Beispiele für den Trend, wegkommen zu wollen von globalen zwischenstaatlichen Verpflichtungen hin zu Partnerschaften von kleineren Gruppen (mehr oder weniger) gleichgesinnter Akteure. Solche Partnerschaften können ein pragmatischer Weg sein, um zwischenstaatliche Verhandlungsblockaden auf der globalen Ebene zu umgehen. Sie bergen aber auch die Gefahr, die universellen Gremien des UN-Systems (weiter) zu schwächen und mehr und mehr durch exklusive Clubs von Regierungen, internationalen Organisationen und privaten Akteuren mit eingeschränkter Transparenz und Rechenschaftspflicht zu ersetzen. (6)

Um diesem Trend entgegenzuwirken und die Vereinten Nationen im Bereich der Entwicklungsfinanzierung zu stärken, vereinbarten die Regierungen im Schlussteil der Aktionsagenda von Addis, ein Forum für Entwicklungsfinanzierung unter dem Dach des Wirtschafts- und Sozialrates der UN einzurichten. Das neue Forum soll jährlich die Verwirklichung der FfD-Beschlüsse und der Umsetzungsziele der Agenda 2030 überprüfen. Die Ergebnisse sollen in die Tagungen des Hochrangigen Politischen Forums für nachhaltige Entwicklung (High-Level Political Forum on Sustainable Development, HLPF) eingespeist werden (vgl. S. 82 ff.). Das HLPF ist das zentrale Nachhaltigkeitsgremium der UN im Umsetzungsprozess der Agenda 2030 und der SDGs.

Der Lackmustest: die deutsche Nachhaltigkeitsstrategie

Angesichts ihrer Allgemeinheit lassen sich allerdings weder aus den Umsetzungszielen innerhalb der SDGs noch aus der Aktionsagenda von Addis Abeba überprüfbare Maßnahmen und spezifische Handlungsverpflichtungen für die Regierungen ableiten. Dazu müssen die Regierungen die generellen Aussagen in konkrete Handlungsstrategien und Fahrpläne übersetzen. Für die Umsetzung der Agenda 2030 in Deutschland soll die nationale Nachhaltigkeitsstrategie laut Bundesregierung den

„wesentlichen Rahmen" bilden. (7) Für 2016 hat sie die Weiterentwicklung der Strategie angekündigt, um sie mit der Agenda 2030 und den SDGs in Einklang zu bringen (vgl. S. 100 ff.).

Die Relevanz der Agenda 2030 für eine kohärente deutsche Nachhaltigkeitspolitik wird sich auch darin beweisen, ob es gelingt, die internationale Verantwortung Deutschlands in der reformierten Nachhaltigkeitsstrategie und ihren Umsetzungsmaßnahmen systematisch zu verankern. Das impliziert auch, politische und finanzielle Verantwortung für die Verwirklichung der Agenda 2030 und ihrer Nachhaltigkeitsziele zu übernehmen, statt die Umsetzung an globale Multi-Akteur-Partnerschaften zu delegieren.

Anmerkungen

(1) Bundesregierung (2014): Bericht der Bundesregierung. Eine Agenda für den Wandel zu nachhaltiger Entwicklung weltweit. Die deutsche Position für die Verhandlungen über die Post-2015-Agenda für nachhaltige Entwicklung. Berlin.
(2) World Bank et al. (2015): From Billions to Trillions: Transforming Development Finance. Washington D.C.
(3) UN Dok. A/RES/69/313.
(4) Vgl. www.taxcompact.net/documents/Addis-Tax-InitiativeDeclaration.pdf
(5) Vgl. www.un.org/ffd3/voluntary-commitments-initiatives
(6) Vgl. dazu die ausführliche Untersuchung von Barbara Adams und Jens Martens (2015): Fit for Whose Purpose? Private Funding and Corporate Influence in the United Nations. Bonn/New York. Download unter www.globalpolicy.org (Publikationen / 2015)
(7) Vgl. Bundesregierung (2014): Meilensteine der Nachhaltigkeitspolitik. Weiterentwicklung der nationalen Nachhaltigkeitsstrategie. Berlin.

Wie lautet Ihr ganz persönliches Nachhaltigkeitsziel?
Auf kleinerem Fuß leben.

Zum Autor
Jens Martens, geb. 1962, Dipl. Volkswirt, ist Geschäftsführer des Global Policy Forums. Seit 2011 koordiniert er die informelle Civil Society Reflection Group on Global Development Perspectives.

Kontakt
Jens Martens
Global Policy Forum
E-Mail jensmartens@globalpolicy.org

AUFBRUCH

Ab 2016 beginnen Entwicklungs-, Schwellen- und Industrieländer mit der Umsetzung der globalen Nachhaltigkeitsziele auf nationaler Ebene. Dafür braucht es auch gegenseitige Unterstützung – etwa, um von den Best-Practice-Beispielen anderer Staaten zu lernen oder die schlechte Datenlage in den Ländern des Südens zu verbessern. – Welche Faktoren sorgen für den Erfolg der Agenda 2030? Wie lassen sich die SDGs mit einer ambitionierten deutschen Nachhaltigkeitsstrategie verzahnen? Ist der in der Agenda verankerte Mechanismus stark genug, um die Umsetzung der Ziele zu überprüfen?

Die Umsetzung der Nachhaltigkeitsziele

Drei Stellschrauben sollt ihr sein

Von Guido Schmidt-Traub

Der rapide technologische Wandel stimmt hoffnungsvoll, dass die notwendigen, tiefgreifenden Transformationen in Bereichen wie Energie, Landwirtschaft, Konsum, Bildung oder Gesundheit machbar sind. Doch er allein entscheidet noch nicht über den Erfolg der SDGs.

Die aktuelle Flüchtlingskrise verdeutlicht, in welch kurzer Zeit externe Schocks die Grundfesten der Politik in Europa, aber auch in Deutschland erschüttern können. Die Syrienkrise ist in erster Linie ein politisches Desaster, wenn auch die schlimmste Dürre seit Menschengedenken einen wichtigen Beitrag zu der Krise in dem Land geleistet hat. Ein nüchterner Blick auf die langfristigen Entwicklungstendenzen nicht nur in Entwicklungsländern zeigt aber, dass vergleichbare Schocks immer wahrscheinlicher werden.

In den vergangenen 30 Jahren hat sich die wirtschaftliche Entwicklung in großen Teilen Asiens, aber auch Lateinamerikas und in zunehmendem Maße Afrikas enorm beschleunigt. Beträchtlichen Teilen der Weltbevölkerung bleibt der ökonomische Aufstieg allerdings verwehrt, da ihnen keine ausreichende Bildung oder Gesundheitsversorgung zuteil wird, sie keinen Zugang zu grundlegenden Infrastrukturen haben, unter schlechter Governance ihrer Regierungen leiden oder in Krisenländern leben. Zusehends machen sich auch die Auswirkungen des Klimawandels sowie eines weiterhin starken Bevölkerungswachstums in den ärmsten Ländern bemerkbar – Afrikas Bevölkerung soll nach UN-Prognosen von derzeit 1,2 Milliarden auf 4,4 Milliarden

Menschen im Jahre 2100 wachsen. Es ist darum nicht verwunderlich, dass immer mehr Menschen aus Afrika den gefährlichen Weg nach Europa auf sich nehmen.
In den wohlhabenden Ländern stößt das bisherige Wachstumsmodell ebenfalls an seine Grenzen (vgl. S. 48 ff.). Die stark wachsende Einkommenskluft sowie bestehende Produktions- und Konsummuster sind langfristig weder politisch noch ökologisch tragfähig. Letzteres gilt besonders für Treibhausgasemissionen, aber auch für landwirtschaftliche Anbaumethoden sowie den Konsum von Primärmaterialien.
Auch wenn diese Herausforderungen weitgehend bekannt sind, hat die Welt bisher noch keine Kurskorrektur vornehmen können, kein Land konnte eine nachhaltige Entwicklung im Sinne der drei Dimensionen - wirtschaftliche Entwicklung, sozialer Zusammenhalt und ökologische Nachhaltigkeit - verwirklichen. Aus dieser Sicht ist jedes Land der Welt ein „Entwicklungsland".

Ausbaufähig: Organisation und Kooperation

Gemein ist diesen Herausforderungen, dass sie alle zu bewältigen sind, wenn finanzielle und technologische Hilfsmittel voll ausgeschöpft werden. Im Jahr 2012 hat UN-Generalsekretär Ban Ki-moon das Sustainable Development Solutions Network (SDSN) ins Leben gerufen, um wissenschaftliche und technologische Expertise aus Wissenschaft, Zivilgesellschaft und Privatwirtschaft zum Zwecke zu vereinen, die nachhaltige Entwicklung lokal und global voranzubringen. Es ist zu dem Schluss gekommen, dass tiefgreifende Transformationen in Energie, Landwirtschaft, Stadtentwicklung, Ressourcenkonsum, aber auch Bildungs- und Gesundheitssystemen möglich sind. (1) Besonders hoffnungsvoll stimmt der rapide technologische Wandel in Energietechnik, Materialwissenschaften, Kommunikations- und Biotechnologie. In Kombination mit bisher ungeahnten wirtschaftlichen und finanziellen Mitteln fördern diese Technologien eine nachhaltige Entwicklung und können einen wichtigen Beitrag zur Beendigung der extremen Armut leisten.
Es mangelt allerdings an klarer Zielorientierung, Organisation und Kooperation unter Staaten als auch zwischen der öffentlichen Hand und privaten Akteuren, um Lösungsansätze systematisch zu entwickeln und umzusetzen. Dies gilt besonders für die ökonomischen und ökologischen Dimensionen. Darüber hinaus müssen sich natürlich in vielen Ländern auch die Politiken verbessern - gerade um die Einkommenskluft

> **„Die Ziele sollten in jeder Schule, jeder Universität und jeder Mitarbeiterschulung unterrichtet werden.“**

zu verkleinern und den Zusammenhalt in der Gesellschaft zu stärken. Auch wenn die 17 Ziele nachhaltiger Entwicklung rechtlich nicht verbindlich sind, können sie vielleicht gerade deshalb ein wichtiges Instrument der Zielorientierung und internationalen Kooperation werden. Zum einen erklären sie anschaulich die Herausforderungen. Die Ziele sollten in jeder Schule, jeder Universität und jeder Mitarbeiterschulung unterrichtet werden. Dies mag auf den ersten Blick trivial erscheinen, aber klare und für möglichst viele nachvollziehbare Ziele sind notwendig, um politische Leitlinien zu verändern. Dies bieten die 17 SDGs. Außerdem sind die SDGs ein Hilfsmittel für das Management und Monitoring der Transformation zur nachhaltigen Entwicklung. Sie lassen sich in klare Indikatoren übersetzen, mittels derer jedes Land besser verstehen kann, welche Änderungen notwendig sind und ob die gestarteten Programme und Politiken das Erreichen der Ziele ermöglichen. SDG-Indikatoren lassen sich auch in Kennziffern für die Privatindustrie übersetzen, mittels derer sich der Beitrag von Unternehmen messen und verfolgen lässt (vgl. S. 82 ff.).

Die Ziele systematisieren

Die Vorgänger der SDGs, die Millenniumsentwicklungsziele, haben unter Beweis gestellt, wie eine klare und universelle Festlegung auf quantitative Ziele ganze Sektoren weltweit mobilisieren kann. Beispielsweise haben im Gesundheitsbereich fast sämtliche Akteure – also nationale Regierungen, die Vereinten Nationen, Forscher(innen), Unternehmen oder zivilgesellschaftliche Organisationen – auf die Millenniumsziele hingearbeitet. Auf diese Weise wurden Innovationen beschleunigt, deutlich bessere Daten erzeugt, rigorose Ergebniskontrollen eingeführt, systematisch Erfahrungen unter Ländern verglichen und vermittelt sowie die Mittel zur Finanzierung der Ziele erhöht. Durch die effiziente internationale Kooperation hat der Gesundheitssektor innerhalb von gut zehn Jahren etwa 15 Millionen Menschenleben gerettet. Während um die Jahrtausendwende kein Land in Afrika eine klar formulierte

Strategie zur Bekämpfung von Malaria hatte, ist dies heute in fast allen Ländern des Kontinents der Fall. Und diese Strategien werden wirkungsvoll landesweit umgesetzt. Diese Erfolge haben viele Ursachen, aber ohne eine klare Zielformulierung und -orientierung wären diese Fortschritte nicht möglich gewesen.
Um den SDGs zum Durchbruch zu verhelfen, sollte kurzfristig an drei wichtigen Stellschrauben gedreht werden. Erstens müssen die 17 SDGs systematisch operationalisiert werden. Das heißt zum einen, dass die jeweiligen Sektoren klare quantitative Schwellen definieren müssen, die es bis 2030 zu erreichen gilt. Dann können Sektoren und einzelne Länder langfristige Strategien zum Erreichen der Ziele ausarbeiten – genau wie es der Gesundheitssektor vorgemacht hat.
Aus diesem Grund hat das SDSN das „Deep Decarbonization Pathway Project" ins Leben gerufen. Im Rahmen dieser Initiative entwickeln 16 Länderteams nationale Transformationspfade, mittels derer sich die energiebedingten Treibhausgasemissionen auf global 1,7 Tonnen CO_2 pro Kopf im Jahr 2050 senken lassen. Das Prinzip dieser langfristigen Transformationspfade übernahmen US-Präsident Barack Obama, Chinas Staatsoberhaupt Xi Jinping sowie 44 weitere Staats- und Regierungschefs im September 2015 als zentrales Element einer langfristigen Klimapolitik. Ähnliche Transformationspfade müssen in allen Ländern und Sektoren entwickelt werden.

Effizienter Einsatz knapper Mittel

Als zweite Stellschraube benötigen wir eine kreative und ehrliche Diskussion um die Finanzierung der nachhaltigen Entwicklung. Analysen des SDSN zeigen, dass etwa zwei Prozent des globalen Bruttosozialprodukts an zusätzlichen Mitteln benötigt werden. Etwa die Hälfte davon kann die Privatwirtschaft finanzieren. Mit Ausnahme der ärmsten Länder können alle die nötigen Investitionen über private und einheimische öffentliche Mittel realisieren. Es bleibt eine externe Finanzierungslücke von etwa 0,2 bis 0,3 Prozent der Wirtschaftsleistung der reichen Länder. In Anbetracht der Bedeutung der Agenda und des Nutzens, den alle Länder ziehen werden, sind diese Beträge durchaus zu rechtfertigen. Es fehlt allerdings derzeit eine ernsthafte Diskussion darüber, wie sich zusätzliche Finanzmittel mobilisieren lassen. Neben der Debatte über das Volumen der Entwicklungsfinanzierung brauchen wir auch eine offene Diskussion darüber, wie sich knappe öffentliche Mittel effizienter einsetzen lassen. Die Investition muss mit einheimischen öffentlichen und privaten Mitteln starten, darf aber nicht haltmachen bei der Entwicklungszusammenarbeit. Hier hat die Fragmentierung in den vergangenen Jahren eher zugenommen – besonders im Bildungssektor. Knappe Mittel werden in zusehends kleinere Projekte investiert und Regierungen armer Länder in Afrika müssen mit durchschnittlich über 20 bilateralen Geldgebern verhandeln. Dadurch steigen Transaktionskosten und der Nutzen der Mittel sinkt. Besser sind deshalb sogenannte Pooling-Instrumente, die die Mittel mehrerer Geber bündeln und dadurch deutliche Skalenerträge erzielen, wie die Impfallianz Gavi und der Globale Fonds zur Bekämpfung von AIDS, Tuberkulose und Malaria beeindruckend unter Beweis stellen. Gerade in Zeiten knapper Kassen sollte dieser Ansatz auch in anderen Bereichen wie Bildung, Trinkwasserversorgung oder Nahrungssicherheit verfolgt werden. Im Gesundheitssektor sollten Gavi und der Global Fonds zusätzliche Mittel bekommen, um die Gesundheitssysteme stärken zu können. Die für 2016 anstehende Finanzierungskonferenz für den Globalen Fonds muss für eine deutliche Aufstockung der Mittel genutzt werden.

Fortschritte gerade bei Kerntechnologien vonnöten

Eine dritte wichtige Stellschraube: Unternehmen, Wissenschaftler(innen) und die öffentliche Hand arbeiten stärker gemeinsam an der Entwicklung und Verbreitung neuer Technologien für die nachhaltige Entwicklung. Beispielsweise zeigt jedes Szenario zur massiven Senkung der Treibhausgasemissionen, dass vollständig emissionsfreie Autos sowie Kohlenstoffabscheidung und -speicherung (Carbon Capture and Storage, CCS) wichtige Beiträge zur Entkarbonisierung leisten müssen. Allerdings sind die bisherigen Fortschritte in beiden Technologien unzulänglich. Tatsächlich wird nach wie vor mehr Geld in die Verbesserung des Ottomotors investiert, und das obwohl wir wissen, dass diese Antriebstechnologie langfristig inkompatibel mit dem Szenario der maximalen globalen Erderwärmung um zwei Grad Celsius ist.
Durch eine intelligente Kopplung von Grundlagenforschung, Innovationsanreizen, Demonstrationsprojekten, strategischem öffentlichem Einkauf und Technologietransfermechanismen lässt sich die Entwicklung umweltfreundlicher Technologien deutlich beschleunigen. Allerdings gibt es keine Blaupausen, da jede Technologie ihre eigenen Mechanismen bedingt. Wenn die Entwicklung der CCS-Technologie bei-

spielsweise eine CO_2-Bepreisung und größere Demonstrationsprojekte benötigt, so brauchen wir in erster Linie langfristige Technologiestandards, Investitionen in die Grundlagenforschung und strategische öffentliche Einkaufsprogramme, um emissionsfreie Autotechnologien schneller voranzutreiben. Der World Business Council for Sustainable Development hat die „Low-Carbon Technology Partnership Initiative" gegründet, die untersucht, wie sich die Entwicklung von Technologien für die Entkarbonisierung in neun Bereichen beschleunigen lässt. Dies ist ein erster wichtiger Schritt hin zu einer langfristigen strategischen Diskussion, wie sich global Fortschritte in Kerntechnologien beschleunigen lassen. Allerdings sind deutlich größere Anstrengungen nötig, insbesondere was öffentliche Investitionen und Anreize betrifft. Ähnliche, wenn nicht größere Kernherausforderungen der nachhaltigen Entwicklung sind eine nachhaltige Ausrichtung von Landwirtschaft, öffentlichen Transportsystemen, der Gesundheitstechnologie oder von Monitoringsystemen.

Die SDGs bieten eine einmalige Chance, die Agenda der kommenden 15 Jahre auf die nachhaltige Entwicklung auszurichten. Wir können diese Chance nutzen, indem wir diese Agenda heute in jedem Land und in jedem Sektor ernst nehmen und operationalisieren.

Anmerkung

(1) Sustainable Development Solutions Network (2013): An Action Agenda for Sustainable Development. New York.

Wie lautet Ihr ganz persönliches Nachhaltigkeitsziel?
Die 17 Ziele nachhaltiger Entwicklung wirklich ernst zu nehmen.

Zum Autor

Guido Schmidt-Traub, geb. 1972, hat Ökonomie und physikalische Chemie studiert. Er ist Geschäftsführer des UN Sustainable Development Solutions Network, davor war er CEO des CDC Climate Asset Management und Klimaschutzberater für das Africa Progress Panel Secretariat. Außerdem leitete er das UNDP MDG Support Team und war Associate Director des UN Millennium Project in New York.

Kontakt

Guido Schmidt-Traub
Sustainable Development Solutions Network
E-Mail guido.schmidt-traub@unsdsn.org

Reviews und andere Umsetzungsmechanismen

Vom Reizwort zum Anreiz

Von Marianne Beisheim

Zu den 17 Entwicklungszielen ermutigt die Agenda 2030 die Länder auch zur Berichterstattung und Überprüfung ihrer Fortschritte. Denn ohne zu wissen, wo es hakt, können sie nicht nachsteuern. Was mit den Daten passieren soll, wie bestmögliche Wege der Umsetzung analysiert werden könnten und vieles andere ist allerdings noch ungeklärt.

Noch 2012 konnten sich die Mitgliedstaaten der Vereinten Nationen auf der Rio+20-Konferenz nicht darauf verständigen, dass für die SDGs ein stärkeres Monitoring- und Review-System nötig sei. (1) Im Rio+20-Abschlussdokument findet sich nur ein Verweis darauf, dass das neue Hochrangige Politische Forum zu nachhaltiger Entwicklung (High-Level Political Forum on Sustainable Development, HLPF) Reviews durchführen „könnte" (vgl. S. 69 ff.). Über die folgenden drei Jahre wurde der Ruf nach einem robusten Review für die SDGs dann immer lauter. Auch aus Wissenschaft und Zivilgesellschaft wurden entsprechende Vorschläge eingebracht. (2) Einige Länder leisteten jedoch Widerstand gegen jeglichen Überprüfungsprozess, der Begriff Rechenschaft („Accountability") blieb bis zuletzt ein Reizwort. Und so kam es überraschend, dass ein eigenes Kapitel zu Follow-up and Review verabschiedet werden konnte.

Mit der Agenda 2030 verpflichten sich die unterzeichnenden Mitgliedstaaten, die SDGs „systematisch weiterzuverfolgen und zu überprüfen". Dieser Review soll freiwillig und ländergesteuert, dabei partizipativ und transparent, wirksam und effizient sein. Die Überprüfung soll integriert auf alle Dimensionen nachhaltiger Entwicklung und auch die Mittel zur Umsetzung eingehen, evidenzbasiert auf soliden Daten beruhen und einem Mehr-Ebenen-Ansatz folgen. Das klingt gut - allerdings lassen die Formulierungen Raum für Interpretation und konnten sie nur mit Öffnungsklauseln verabschiedet werden, wie dem Verweis auf die „Berücksichtigung der unterschiedlichen Realitäten, Kapazitäten und Entwicklungsstufen der einzelnen Länder" oder die „Beachtung der nationalen Politiken und Prioritäten".

Bausteine für Prozesse und Berichte

Auf nationaler Ebene sollen die Prozesse auf Rechenschaft („Accountability") gegenüber den Bürger(inne)n abzielen - es ist ein Erfolg, dass sich dieser normative Anspruch im Verhandlungstext erhalten ließ. Die Agenda 2030 ermutigt alle Mitgliedstaaten, baldmöglichst ambitionierte Umsetzungspläne zu erarbeiten und die Fortschritte auf nationaler und lokaler Ebene regelmäßig zu überprüfen. Diese Prozesse sollen partizipativ angelegt sein und sowohl Parlamente wie nationale Interessengruppen einbeziehen. Die Agenda 2030 überlässt es den Mitgliedstaaten, zusätzlich passende regionale Foren für Review-Prozesse zu wählen und auszugestalten.

Auf globaler Ebene soll das HLPF im Mittelpunkt eines Netzwerks verschiedener Prozesse stehen, das auf existierenden Reviews aufbaut. Die Mitgliedstaaten sind noch uneins, wie dies zu orchestrieren ist; möglicherweise über eine interinstitutionelle Task-Force, die derjenigen ähnelt, die bereits die Verhandlungsprozesse unterstützt hat. Unter anderem soll es thematische Reviews geben; aber es ist noch unklar, ob jährlich eine Auswahl von (thematisch verwandten) SDGs behandelt oder eher übergreifende Querschnittsthemen zu behandeln sein werden.

Wie bereits bei den MDGs soll der UN-Generalsekretär auch für die SDGs einen jährlichen Fortschrittsbericht entlang eines noch zu verabschiedenden Katalogs globaler Indikatoren vorlegen. Bis März 2016 erarbeitet eine inter-institutionelle Expertengruppe dazu einen Vorschlag. Deutschland, vertreten durch das Statistische Bundesamt, gehört zu den 28 Mitgliedern dieser „Inter-Agency and Expert Group on SDG Indicators". Dass anhand des jährlichen Fortschrittsberichts generelle Trends nachhaltiger Entwicklung und die globalen Fortschritte zu einzelnen SDGs diskutiert werden

> **„Jedes Land könnte für je ein Nachhaltigkeitsziel ein positives, inspirierendes Beispiel vorstellen und einen Bereich, in dem es mit Umsetzungsschwierigkeiten kämpft."**

sollen, ist unstrittig. Offen ist jedoch, ob die Daten auch auf die nationale Ebene heruntergebrochen präsentiert und kritisch diskutiert werden sollen. Hier fürchten einige Staaten Schuldzuweisungen. Ohne aber zu wissen, wo es hakt, können Staaten nicht nachsteuern und das UN-System kann nicht gezielt unterstützend tätig werden.

Noch ist also unklar, wie die Vereinten Nationen mit den mühsam erhobenen Daten arbeiten wollen, wie sie die Ursachen von (mangelnden) Fortschritten analysieren und bestmögliche Wege der Umsetzung identifizieren wollen. Ein Ansatzpunkt hierfür könnte die freiwillige Berichterstattung zur nationalen Umsetzung sein, zu der die Agenda 2030 die Mitgliedstaaten im Rahmen des HLPF ermutigt und anhält. Diese stärker qualitative Berichterstattung könnte Daten und Maßnahmen analysieren und auf gegenseitiges Lernen abzielen. Ein weiterer Ansatzpunkt für die Analyse der Daten und Trends wird der „Weltbericht über nachhaltige Entwicklung" („Global Sustainable Development Report") sein. Er soll eine empirisch fundierte wissenschaftliche Einschätzung der Entwicklungen liefern. (3)

Nicht wenige Entscheidungen über strittige Punkte wurden vertagt. Der UN-Generalsekretär soll Empfehlungen unter anderem für die freiwillige Berichterstattung beim HLPF erarbeiten. Viele Fragen sind offen: Wie oft sollen Mitgliedstaaten am Review teilnehmen? Und wozu genau sollen sie berichten – mit hinreichend Flexibilität einerseits und Solidität andererseits, um Rosinenpicken und Schönfärberei zu vermeiden. Ein Vorschlag wäre, die Datenberichte umfassend zu halten (zu allen globalen und den selbst gewählten nationalen Indikatoren), aber die qualitative Berichterstattung stärker zu fokussieren. So könnte jedes Land für je ein Nachhaltigkeitsziel ein positives, inspirierendes Beispiel für eine erfolgreiche Maßnahme vor-

stellen und einen Bereich, in dem es mit Umsetzungsschwierigkeiten kämpft und für den es sich Anregungen oder Unterstützung erhofft. (4) Daten- und Länderberichte sowie Ergebnisse der Reviews ließen sich online stellen. Jenseits der bereits beschlossenen, relativ weit gehenden Beteiligungsmöglichkeiten für Vertreter(innen) der neun Hauptgruppen beim HLPF sollte gesellschaftlichen Akteuren bereits im Vorfeld die Möglichkeit gegeben werden, die Berichte und Ergebnisse über ein Online-System zu kommentieren. Dieses Vorgehen könnte nicht nur Informationen von der lokalen Ebene aufgreifen („Citizen Monitoring"), die erzielte Transparenz könnte auch ein gewisses Maß an öffentlichem Druck erzeugen.
In den ersten Runden soll zu den vorbereitenden Umsetzungsanstrengungen berichtet werden: Wie setzen die Mitgliedstaaten die globalen SDGs in nationale Ziele um? Wie passen sie ihre nationalen Entwicklungspläne oder Nachhaltigkeitsstrategien an und welche Ressourcen stellen sie dafür bereit? Welche Prozesse haben die Regierungen dazu initiiert und wie werden relevante nationale Institutionen und gesellschaftliche Gruppen eingebunden? Das soll andere Länder zu entsprechenden Maßnahmen inspirieren.

Deutschlands Nachhaltigkeitspolitik als Vorbild

Es ist eine große Chance, dass die Bundeskanzlerin Ende September 2015 in New York bestätigt hat, dass Deutschland seine „ehrgeizigen" Umsetzungsanstrengungen im Juli 2016 beim ersten HLPF-Review vorstellen wird. Doch inwiefern kann die deutsche Beteiligung am Review Maßstäbe setzen und was ist dafür entscheidend?
Die Bundesregierung nutzt die turnusgemäß ohnehin anstehende Fortschreibung der nationalen Nachhaltigkeitsstrategie, um die SDGs in nationale Ziele umzusetzen. Damit sind aktuell sowohl der Staatssekretärsausschuss für nachhaltige Entwicklung unter Vorsitz des Kanzleramts, der Parlamentarische Beirat für nachhaltige Entwicklung im Deutschen Bundestag als auch der Rat für Nachhaltige Entwicklung (RNE) und das Statistische Bundesamt befasst. Allein diese Institutionenlandschaft dürfte für andere Länder interessant sein. Allerdings sollte sich Deutschland hierauf nicht ausruhen, denn deren transformative Steuerungsfähigkeit ist durchaus noch verbesserungswürdig. So muss der Staatssekretärsausschuss dringend mehr Gewicht im Kanzleramt bekommen. Entscheidend ist, dass über diese zentrale Schnittstelle die

neue Nachhaltigkeitsstrategie politische Relevanz für die gesamte Bundesregierung entfaltet und die Politikkohärenz nach innen und außen verbessert wird. Der Parlamentarische Beirat ist so zu stärken, dass er in die materielle Prüfung wichtiger Gesetzesentwürfe einsteigen kann. Bis Herbst 2016 soll die neue Nachhaltigkeitsstrategie vorliegen und auf die Umsetzung in Deutschland für Deutschland, in Deutschland für die Welt (etwa bei Handel oder Klimawandel) und mit Deutschland in anderen Ländern (in der Entwicklungszusammenarbeit) ausgelegt werden (vgl. S. 100 ff.). Diese Trias ist eine gelungene Überlegung zur Umsetzung des universellen und integrierten Ansatzes der Agenda 2030. Auch dies könnte beim Review in New York auf Interesse stoßen.

Dialogforum im Kanzleramt

In und für Deutschland ist es wichtig, gesellschaftliche und wirtschaftliche Akteure „mitzunehmen" (vgl. S. 48 ff. und 55 ff.). Gerade wenn Deutschland ein Vorbild sein will, sollte die gesellschaftliche Begleitung des Prozesses verbessert werden. Bislang ist eine Dialogreihe mit fünf bundesweiten Veranstaltungen geplant. Initiativen auf Länder- und Kommunalebene sollten hinzukommen, die an die Erfahrungen der Agenda-21-Prozesse anknüpfen. Im Kanzleramt sollte ein regelmäßiges Dialogforum eingerichtet werden. Hier könnten nicht nur die 15 von der Regierung benannten Mitglieder des RNE, sondern auch weitere Vertreter(innen) relevanter Verbände und Stakeholder die Fortschreibung der Nachhaltigkeitsstrategie, die zukünftigen Indikatorenberichte und die Berichte der Bundesregierung mit dem Staatssekretärsausschuss fortlaufend diskutieren. Die Verfahren zur Festlegung der Teilnehmerrunde sollten transparent sein, die Agenda sollte gemeinsam entwickelt und rechtzeitig bekanntgegeben werden, sodass eine substanzielle und abgestimmte Debatte möglich ist. Versäumnisse und Fehlentwicklungen sollten offen diskutiert werden. Um Elemente der Rechenschaftslegung zu stärken, sollte es hinreichend Raum für Rückmeldungen dazu geben, wie Ergebnisse vorheriger Konsultationsrunden umgesetzt wurden. Bei vielen grenzüberschreitenden Politiken, wie in Klima-, Agrar- oder Handelsfragen, hat die Europäische Union relevante Entscheidungs- oder Verhandlungskompetenzen. Auf europäischer Ebene gilt es daher dringend, die Europäische Nachhaltigkeitsstrategie wiederzubeleben und insbesondere die Zielerreichung hinsichtlich regionaler Probleme zu überprüfen. Was die weltweite Umsetzung in Partnerländern angeht, so könnten Projekte oder Partnerschaften gemeinsam beim Review in New York vorgestellt werden – das hätte eine höhere Glaubwürdigkeit. Der Einsatz von Ressourcen für Follow-up- und Review-Prozesse sollte nicht in einen falschen Gegensatz zu Ressourcen für die Umsetzung geraten. Wichtig ist es, nicht aus den Augen zu verlieren, dass der Review ein Mittel zum Zweck sein muss: Um Entwicklung weltweit nachhaltig gestalten zu können, braucht es politischen Willen und Rechenschaft, gesellschaftliche Unterstützung und angepasste Instrumente. Nur wenn die ersten Runden der Reviews in diesem Sinne relevante Ergebnisse erzielen und in der Folge zu verbesserten Umsetzungsaktivitäten führen, werden die freiwilligen Verfahren Anreizwirkung und Zugkraft entfalten können.

Anmerkungen

(1) Dies ist die gekürzte Fassung eines Beitrags der Autorin, der in Ausgabe 6/2015 der Zeitschrift Vereinte Nationen erscheinen wird.

(2) Bernstein, Steven et al. (2014): Coherent Governance, the UN and the SDGs, Post-2015/UNU-IAS Policy Brief 4.
Kindornay, Shannon/Twigg, Sarah (2015): Establishing a Workable Follow-up and Review Process for the Sustainable Development Goals. ODI Report. London.
TAP Network (2015): People-Centred Post-2015 Review & Accountability with Transparency and Citizen Participation at its Core. New York.

(3) Bislang haben die Vereinten Nationen zwei Pilotberichte herausgegeben: https://sustainabledevelopment.un.org/globalsdreport. Die Mitgliedstaaten haben noch nicht entschieden, in welchem Rhythmus der „Global Sustainable Development Report" fortan erscheinen soll.

(4) Vgl. Beisheim, Marianne (2014): Ein Review-Mechanismus für die Post-2015-Ziele nachhaltiger Entwicklung. Vorschläge zu seiner Ausgestaltung. Berlin, S. 16.

Wie lautet Ihr ganz persönliches Nachhaltigkeitsziel?
Ich liebe meine Arbeit und dennoch: Lebenszeitqualität nachhaltig steigern!

Zur Autorin
Marianne Beisheim, geb. 1968, arbeitet in der Forschungsgruppe „Globale Fragen" der Stiftung Wissenschaft und Politik, Berlin. Sie forscht zum Thema Global Governance im Bereich nachhaltige Entwicklung.

Kontakt
Dr. Marianne Beisheim
SWP Stiftung Wissenschaft und Politik
E-Mail marianne.beisheim@swp-berlin.org

Die Durchsetzung einer nachhaltigen Entwicklung

Vier Faktoren für den Erfolg

Von Jes Weigelt und Alexander Müller

Das Spannungsverhältnis von Umweltschutz und Entwicklung vermögen auch die SDGs nicht unmittelbar aufzulösen. Damit sie dennoch nachhaltig und effektiv wirken, braucht es zusätzliche Maßnahmen – zum Beispiel integrative Ansätze, die die einzelnen Ziele im Zusammenhang betrachten.

Mit der Agenda 2030 für nachhaltige Entwicklung der Vereinten Nationen liegt zum ersten Mal eine global anerkannte, von allen Ländern verabschiedete Entwicklungsagenda vor. Der Entwicklungsstand Deutschlands und anderer Industrienationen werden darin ebenso als entwicklungsbedürftig beschrieben wie diejenigen von Bangladesch oder Burkina Faso – auch wenn sich die konkreten Umsetzungsaktivitäten unterscheiden werden. Dies ist ein wichtiges Verhandlungsergebnis, das neue Möglichkeiten und Notwendigkeiten zur Förderung nachhaltiger Entwicklung eröffnet – Möglichkeiten, die die Weltgemeinschaft angesichts von Ungleichheit, Hunger und Armut sowie der Zerstörung unserer Lebensgrundlagen nutzen sollte.
Die Millenniumsentwicklungsziele wurden vielfach dafür kritisiert, dass ihre Formulierung auf einen kleinen Kreis technischer Experten zurückging (vgl. S. 27 ff.). Um eine vergleichbare Entwicklung bei der Gestaltung der SDGs zu vermeiden, fanden die Verhandlungen darüber im Rahmen einer Offenen Arbeitsgruppe („Open Working Group") unter Beteiligung der Zivilgesellschaft und anderer Stakeholder statt. Bei all den positiven Wirkungen führte dieses Vorgehen auch dazu, dass die SDGs

weitgehend unabhängig voneinander verhandelt wurden, die Querbezüge zwischen den Zielen standen nicht im Vordergrund. Dies zeigt sich besonders deutlich, wenn man den kumulativen Anspruch der Ziele auf die Nutzung natürlicher Ressourcen betrachtet. Der Bedarf an zusätzlichen Land- und Bodenressourcen für die Ziele der Ernährungssicherung, nachhaltiger Energieerzeugung und Biomaterialien übersteigt unter gegenwärtigen Produktionsverfahren die Landfläche, die sich im Rahmen ökologischer Grenzen für die Landwirtschaft umwandeln lässt. Ein sektoraler Ansatz zur Erreichung der SDGs kann deswegen dazu führen, dass die Umsetzung der SDGs selbst nicht nachhaltig wirkt.

Empfehlungen an die Politik

Nun ist es erst einmal wenig überraschend, dass die SDGs an sich das Spannungsverhältnis von Umweltschutz und Entwicklung nicht unmittelbar auflösen. Damit die SDGs dennoch nachhaltig und effektiv wirken können, sind – ohne Anspruch auf Vollständigkeit – folgende vier Faktoren wichtig:

- *Integrative Ansätze zur Implementierung der Agenda 2030:* Die kumulative Wirkung der SDGs auf unsere Umwelt zeigt deutlich, dass die erfolgreiche Umsetzung der SDGs von integrierten Ansätzen abhängt. Das heißt, dass die einzelnen Ziele im Zusammenhang zu betrachten sind und nicht allein als Basis sektoraler Politikmaßnahmen verstanden werden dürfen. Im Rahmen der Agenda 2030 lässt sich das maßgeblich durch die Ausgestaltung der Maßnahmen zum „Follow Up and Review", also der verschiedenen Verfahren zum Monitoring der Agenda, verhindern (vgl. S. 82 ff.).
- *Dem universellen Charakter der Ziele gerecht werden:* Auch die notwendige Kohärenz politischer Maßnahmen und die gegenwärtig mangelnde Politikkohärenz betonen die Bedeutung der Umsetzung der SDGs in Deutschland. Um transformativ zu wirken, dürfen die SDGs nicht als Fortschreibung der MDGs für Entwicklungsländer verstanden werden. Deutschland und andere Industrienationen erhalten durch die SDGs ebenfalls einen Entwicklungsauftrag (vgl. S. 100 ff.). Dieser ist nicht nur wichtig, um die Nachhaltigkeitsziele in den Industrieländern zu erreichen, sondern auch um glaubhaft die Möglichkeit anderer Entwicklungswege aufzuzeigen. Die Energiewende in Deutschland und die genaue Beobachtung derselben durch andere Nationen ist dafür ein Beispiel.

▭ *Andere Governance-Ansätze zur Implementierung der Agenda 2030:* Die Agenda stellt hinsichtlich der Implementierung der SDGs große Anforderungen in puncto Partizipation und sogenannter Multi-Stakeholder- oder Rightsholder-Prozesse. CAN (Coalitions, Alliances und Networks), der eher vernetzt gedachte Governance-Ansatz zur Implementierung der SDGs, wird in vielen nationalen Ministerien und dem häufig sektoral ausgerichteten multilateralen System Anpassungen notwendig machen.
▭ *Maßnahmen für Rechenschaftslegung (Accountability) schaffen:* Die MDGs wurden aus menschenrechtlicher Perspektive ganz maßgeblich wegen der Abwesenheit klarer Accountability-Strukturen kritisiert, das heißt, es gab keine Verfahren, die Politik zur Rechenschaft zu ziehen. Während sich der Accountability-Begriff in den Post-2015-Verhandlungen in New York nicht durchsetzen konnte, bietet die Implementierung auf nationaler Ebene eine neue Möglichkeit, klare Accountabilty-Strukturen zu etablieren. Im Wechselspiel zwischen nationaler, regionaler und globaler Ebene besteht darüber hinaus die Chance, Unterstützungsangebote für die nationale Ebene zu schaffen, falls die Follow-Up-and-Review-Verfahren nicht den in der Agenda 2030 festgeschriebenen Kriterien entsprechen.

Lernpartnerschaften auf Augenhöhe

Nach der Annahme der Agenda 2030 durch die Mitgliedsstaaten der Vereinten Nationen werden die Nationalstaaten erst einmal Ober- und Unterziele für ihren jeweiligen Kontext priorisieren. Dies wird in vielen Fällen auch die Anpassung nationaler Organisationen und Strategien für nachhaltige Entwicklung beinhalten. Für Deutschland hat der Rat für Nachhaltige Entwicklung (RNE) bereits detaillierte Vorschläge hierzu an das Bundeskanzleramt übermittelt. (1)
Angesichts der Tatsache, dass die Umsetzung eines solch komplexen Zielsystems durch einen integrierten Ansatz mit einem klaren Entwicklungsauftrag auch für die meisten Industrieländer eine neue Aufgabe darstellt, sollten Umsetzungsprozesse der SDGs maßgeblich auch als Lernprozesse angelegt sein. Natürliche Ressourcen sollten aufgrund ihres Querschnittscharakters innerhalb der SDGs Gegenstand thematischer Reviews des Hochrangigen Politischen Forums zu nachhaltiger Entwicklung („High-Level Political Forum") werden. Diese sollten die Auswirkungen nationaler Aktivitäten in Drittstaaten explizit mitbetrachten. Nur so lässt sich vermeiden,

> **„Thematische Reviews sollten die Auswirkungen nationaler Aktivitäten in Drittstaaten explizit mitbetrachten."**

dass Nachhaltigkeitsprobleme in andere Staaten ausgelagert und die planetaren Grenzen global überschritten werden. Die Auswirkungen von Palmölimporten durch Deutschland können hier als Beispiel dienen.
Analog zu anderen globalen Reportingsystemen sollte die Zivilgesellschaft diese globalen Reviews kommentieren können beziehungsweise Parallelreports vorstellen dürfen. Innerhalb Deutschlands gilt es gemäß Absatz 74d der Agenda 2030, „inklusive, partizipative und transparente" Verfahren für Follow Up and Review zu etablieren, die einem Multi-Stakeholder-Ansatz folgen. Diese sind nicht allein zur Analyse des Fortschritts bei der Implementierung der SDGs notwendig, sondern insbesondere auch um Zielkonflikte zwischen den SDGs zu adressieren und zu lösen. Auf regionaler Ebene können Peer-Review-Verfahren weitere Anreize zur Implementierung schaffen. Hieraus folgt auch unmittelbar, dass sich Follow Up and Review-Maßnahmen nicht allein auf das Nachhaltigkeitsreporting statistischer Ämter reduzieren lassen. Indikatoren und ihr Monitoring sind eine notwendige, aber keine hinreichende Bedingung für erfolgreiches Follow Up and Review der Agenda 2030.
Die Verabschiedung der Agenda 2030 hat ein politisches Momentum kreiert, das es zu nutzen gilt. Auf die Initiative Schwedens hin hat sich eine Gruppe von neun Ländern zusammengefunden, zu denen auch Deutschland gehört, um die Implementierung der Agenda 2030 und der SDGs voranzutreiben. (2) Der RNE schlägt als Initialzündung die Bildung einer Initiative zum Ausbau von Kompetenzen und Kapazitäten („Consultative Initiative on Modalities for National Implementation") vor. Diese wichtigen Initiativen gilt es nun zu unterstützen, um das politische Momentum für konkrete Aktivitäten zur Umsetzung der Agenda 2030 zu nutzen. Im Geiste der Agenda 2030 ist es dabei wichtig, derartige Lernpartnerschaften auf Augenhöhe zu organisieren. Das Beispiel der Follow-Up-and-Review-Prozesse zeigt, dass die Implementierung der Agenda 2030 wissensintensiv ist. Es zeigt gleichzeitig, dass die Wis-

senschaft, wenn sie in diesem notwendigerweise politisch getriebenen Transformationsprozess eine Rolle spielen will, sich als eine Wissensträgerin unter anderen aktiv in diese Prozesse einbringen sollte. Wissen wird in diesen Prozessen nur dann transformativ wirken, wenn es auf die Bedürfnisse des Transformationsprozesses ausgerichtet ist. Deswegen steht die Beteiligung nicht-wissenschaftlicher Stakeholder im Wissenschaftsprozess bei der Umsetzung der Agenda 2030 außer Frage. Das gilt insbesondere, da wir in einer Welt leben, in der die Nachhaltigkeitspolitik zunehmend von sogenannten Pledge-and-Review-Verfahren Gebrauch macht, das heißt, die Länder erlegen sich konkrete, aber freiwillige Ziele auf. Hierfür sind die SDGs ein Beispiel. Die Frage des Erfolgs oder des Nicht-Erfolgs der SDGs wird aller Voraussicht nach breitere Aussagen zu Möglichkeiten und Reichweite multilateraler Abkommen für nachhaltige Entwicklung zulassen. So stellt sich die Frage von Follow-Up-and-Review-Prozessen ebenso bei den selbsterklärten freiwilligen Minderungszielen („Intended Nationally Determined Contributions") im Rahmen der Klimarahmenkonvention. Auch vor diesem Hintergrund können wir uns ein Scheitern der Agenda 2030 nicht leisten.

Anmerkungen

(1) www.nachhaltigkeitsrat.de/uploads/media/RNE_Stellungnahme_Deutsche_Nachhaltigkeits-Architektur_und_SDG_26-05-2015.pdf

(2) www.nachhaltigkeitsrat.de/uploads/media/RNE_Stellungnahme_Deutsche_Nachhaltigkeits-Architektur_und_SDG_26-05-2015.pdf

Wie lautet Ihr ganz persönliches Nachhaltigkeitsziel?

a) Sorgsame Wortwahl.

Zu den Autoren

a) Jes Weigelt, geb. 1974, ist Ko-Leiter des Sustainability Governance Program und Koordinator des Global Soil Forum am IASS.

b) Alexander Müller, geb. 1955, leitet die Studie TEEB – Agriculture and Food des Umweltprogramms der Vereinten Nationen.

Kontakt

Dr. Jes Weigelt, Alexander Müller
Institute for Advanced Sustainability Studies (IASS)
E-Mail Jes.Weigelt@iass-potsdam.de, Alexander.Mueller@iass-potsdam.de

Risiken und Chancen bei der Umsetzung

Das Cockpit fliegt nicht allein

Von Maarten Hajer, Marcel Kok und Kathrin Ludwig

Dass internationale Top-down-Politik allein die globalen Probleme lösen kann, ist eine Illusion. Dagegen können drei neue Perspektiven auf nachhaltige Entwicklung dabei helfen, die Agenten des Wandels aus Wirtschaft, Wissenschaft und Zivilgesellschaft für die Umsetzung der neuen Nachhaltigkeitsziele zu mobilisieren.

Die Tatsache, dass sich die Vereinten Nationen auf die neuen Ziele für nachhaltige Entwicklung einigen konnten, ist keine Selbstverständlichkeit angesichts der Bedenken und Zweifel, die seit dem Rio+20-Gipfel im Jahr 2012 geäußert wurden. (1) Gerade in Anbetracht gegenwärtiger globaler Krisen und Konfliktlagen sind die neuen Ziele als Verhandlungserfolg zu werten. Auch der Entstehungsprozess der Ziele gilt für UN-Verhältnisse als ausgesprochen transparent und partizipativ. Während die Öffentlichkeit in die Ausarbeitung der Millenniumsentwicklungsziele kaum einbezogen worden war, konnten sich Interessengruppen aus Zivilgesellschaft, Wirtschaft und Wissenschaft umfassend und vielfältig am Entstehungsprozess der nachhaltigen Entwicklungsziele beteiligen. Zudem fanden im Vorfeld mehrere groß angelegte Umfragen statt, etwa „The World We Want" und „MyWorld", an denen sich mehr als eine Million Individuen und Vertreter(innen) der Zivilgesellschaft beteiligten (vgl. S. 27 ff.).

Ab 2016 sind Staaten nun aufgefordert, die neuen, allgemein gültigen Ziele zu realisieren. In der Umsetzungsphase ist es von entscheidender Bedeutung, nicht-staatliche Akteure einzubeziehen (vgl. S. 106 ff.). Sollten die globalen Ziele jedoch lediglich als staatliche Aufgabe missverstanden werden, besteht die Gefahr, dass sich die großen Erwartungen, die an die neuen Ziele geknüpft sind, nicht erfüllen lassen. Wir nennen dieses Missverständnis oder die Illusion, dass globale Herausforderungen nur von Regierungen und internationalen Organisationen angegangen und gemeistert werden können, „Cockpitism".

Die drei Irrwege des Cockpitism

Internationale Gipfeltreffen wie Rio+20 sind die Highlights in internationalen Regierungsverhandlungen. Diese Gipfeltreffen gleichen symbolisch einem Cockpit, von dem aus internationale Politik formuliert wird. In mehr als 30 Jahren internationaler Nachhaltigkeitspolitik sind Hunderte multilaterale Abkommen entstanden. Viele dieser Abkommen werden jedoch aufgrund ihres begrenzten Lösungsbeitrags seit Langem kritisiert und erfüllen immer weniger die Erwartungen von Bürger(inne)n, Zivilgesellschaft und Wirtschaft. Drei problematische Annahmen gehen mit Cockpitism einher:

Erstens stützt sich Cockpitism auf ein naturwissenschaftliches Verständnis von Umweltveränderungen, das auf einem global ausgerichteten, universalistischen Ansatz beruht. Die transformative Kapazität einer solchen Vogelperspektive bleibt jedoch begrenzt, da sie nicht die Grundbedürfnisse von gesellschaftlichen Gruppen adressiert und die unterschwelligen ökonomischen und politischen Fragen nachhaltiger Entwicklung unzureichend widerspiegelt.

Zweitens beruht Cockpitism auf der Annahme, dass grenzüberschreitende Umweltfragen als globale Kollektivgüter internationale Institutionen voraussetzen, um „das Anthropozän zu steuern" (2). Als Reaktion auf den mangelnden Fortschritt von globaler Nachhaltigkeitspolitik haben Wissenschaft und Politik bereits eine Reihe von UN-Reformen vorgeschlagen. Angesichts der Dringlichkeit globaler Herausforderungen ist das Warten auf großangelegte institutionelle Reformen allerdings zu riskant geworden. Eine Reform der Vereinten Nationen ist demnach möglicherweise eher das Ergebnis eines Veränderungsprozesses als dessen Beginn.

Drittens ignoriert Cockpitism ergänzende, pragmatischere Ansätze in der globalen Umweltpolitik, die sich nicht ausschließlich auf die Vereinten Nationen und multilaterale Verhandlungen verlassen. Das Argument lautet, dass die Diskussion anderer Ansätze die Anstrengungen, international zu einer zwischenstaatlichen Lösung zu kommen, nur schwächen würden. Das Potenzial nicht-staatlicher Akteure bleibt bei einer solchen Herangehensweise weitgehend ungenutzt. Zudem ist die Repräsentation nicht-staatlicher Akteure durch die UNO-Hauptgruppen unzureichend. Viele nicht-staatliche Akteure wie private und gesellschaftliche Investoren, die von den Vereinten Nationen aufgefordert sind, sich an der Umsetzung von Umweltverträgen zu beteiligen, sitzen oft nicht mit am Tisch.

Drei Blicke über den Tellerrand

Verschiedene Perspektiven auf nachhaltige Entwicklung können dazu beitragen, Cockpitism in der globalen Nachhaltigkeitspolitik zu vermeiden und neue Agenten des Wandels für die Umsetzung der neuen Nachhaltigkeitsziele zu mobilisieren. Diese Perspektiven sind Betrachtungsweisen, die unterschiedliche Aspekte einer nachhaltigen Entwicklung hervorheben, wobei verschiedene Agenten des Wandels und Transformationsmechanismen in den Mittelpunkt rücken. Zu diesen Perspektiven zählen wir den Blickwinkel „Safe and Just Operating Space", der den Zusammenhang zwischen Umwelt- und Entwicklungszielen betont, die „Dynamische Gesellschaft", die es für notwendig hält, neue Agenten des Wandels gezielt in die Umsetzung miteinzubeziehen und den „Grünen Wettbewerb", der das Stimulieren von Innovation unterstreicht und sich vor allem an Unternehmen richtet.
Der Begriff eines „Safe and Just Operating Space" ergänzt die „planetarischen Grenzen" (3) um die sozialen Bedürfnisse, die Menschen innerhalb planetarischer Grenzen haben (4). Dadurch wird der Zusammenhang zwischen sozialen und ökologischen Belangen deutlich. Ausgangspunkt dieser Perspektive ist, dass immer dann, wenn Ressourcenknappheit herrscht, die Frage nach der Verteilung dieser Ressourcen aufkommt.
Betrachtet man die Nachhaltigkeitsziele aus dem Blickwinkel des Safe and Just Operating Space, treten die Pflichten und Rechte von Entwicklungs- und Industrieländern und das Prinzip der gemeinsamen, aber unterschiedlichen Verantwortung in den Vordergrund. Dieser Grundsatz reflektiert die oftmals unterschiedlichen Prioritäten von Entwicklungs- und Industrieländern, die die internationalen Verhandlun-

„Internationale Gipfeltreffen wie der Rio+20-Gipfel gleichen symbolisch einem Cockpit, von dem aus internationale Politik formuliert wird."

gen in den vergangenen Jahrzehnten erschwert haben. Allerdings findet allmählich eine Neubewertung dieses Grundsatzes statt, die die veränderten Kräfteverhältnisse in der internationalen Politik widerspiegelt (vgl. S. 18 ff.). Dadurch entsteht neuer politischer Spielraum, jenseits der alten Trennungslinien zwischen Nord und Süd, Ost und West.

Potenzial der Zivilgesellschaft nutzen

Die Perspektive der „dynamischen Gesellschaft" (5) unterstreicht das transformative Potenzial unterschiedlicher Nachhaltigkeitsinitiativen der Agent(inn)en des Wandels und sie setzt damit einen Gegenpol zu einer auf internationalen Konsens gerichteten Cockpit-Perspektive. Solche Agenten des Wandels sind autonome Bürger(innen), zivilgesellschaftliche Initiativen, Landwirtschaftskooperativen, Städte oder innovative Unternehmen, die in sehr unterschiedlichen Entwicklungszusammenhängen aktiv werden. Während in vielen Ländern staatliche Leistungen gekürzt werden, ersetzt die dynamische Gesellschaft ehemals öffentliche Dienstleistungen; dies reicht von der Schaffung von mehr Grünflächen über lokale Energieversorgung bis hin zur Bereitstellung von Wissen und Informationen, beispielsweise in Form von „Citizen Science". In dieser Perspektive ändert sich die Rolle der Politik, sie macht Politik allerdings sicherlich nicht überflüssig.
Im Gegensatz zum top down orientierten Cockpitism, liegt der Fokus dieser Perspektive – ganz „bottom up" – auf Akteuren und neuen Koalitionen der Willigen, die die Nachhaltigkeitsziele jenseits staatlicher Institutionen umsetzen. Die dynamische Gesellschaft öffnet den Blick für die Vielfalt neuer Agent(inn)en des Wandels. Staatliche Institutionen befinden sich noch in einem Lernprozess, wie man Initiativen aus der dynamischen Gesellschaft am besten fördern und unterstützen kann. Oft wird das Potenzial dieser Initiativen zu spät oder überhaupt nicht erkannt. Staatliche Institu-

tionen könnten Gesetze abschaffen, die Nachhaltigkeitsziele untergraben und günstigere regulatorische Rahmenbedingungen schaffen, die die neuen Agenten des Wandels in einer dynamischen Gesellschaft unterstützen. Das deutsche Energieeinspeisegesetz ist ein Beispiel dafür, wie die Politik zivilgesellschaftliche Akteure dazu mobilisieren kann, an der Umsetzung der nationalen Klimaziele mitzuwirken: So kaufen immer mehr Städte ihre eigene Energieversorgung zurück. Außerdem können staatliche Institutionen die Bekanntheit der SDGs innerhalb der Gesellschaft erhöhen und Initiativen sowie Innovation im Sinne der SDGs unterstützen und fördern.

Mehr Nachhaltigkeit durch grünes Wirtschaften

Für Unternehmen sind Wettbewerb, Innovation und Marktchancen wichtige Motive, um nachhaltiger zu wirtschaften (vgl. S. 55 ff.). Die Perspektive des grünen Wettbewerbs betont anstatt planetarischer Grenzen die Chancen, die Nachhaltigkeit bietet und betrachtet die Wirtschafts- und Finanzwelt als wichtige Agenten des Wandels. Motiviert durch „First Mover"-Vorteile für Pioniere – etwa die Verminderung von Risiken in Handelsketten, Effizienzgewinne und verändernde Unternehmenswerte – ist Nachhaltigkeit stückweise ins strategische Zentrum vieler Unternehmen gerückt. Damit betont die Perspektive des grünen Wettbewerbs eine andere Veränderungslogik als Cockpitism: Anstelle von staatlichen Regulierungen wird der Wandel zu mehr Nachhaltigkeit durch Wettbewerb und Innovation angestoßen.

Diese Perspektive geht – getreu dem Motto „Government follows", die Regierungen ziehen nach – davon aus, dass Innovation und Motivation für transformativen Wandel eher von Gründern und Unternehmerinnen kommen als von staatlichen und zwischenstaatlichen Institutionen. Viele Unternehmen sehen Nachhaltigkeit und faire Produktionsbedingungen inzwischen als Geschäftsmodell und als Teil ihrer unternehmerischen Verantwortung.

Doch bestehende Bemühungen in Wirtschaft und Finanzen reichen nicht aus: Es muss mehr und schneller gehandelt werden. Hier können die neuen Nachhaltigkeitsziele eine wichtige Rolle spielen, indem sie eine allgemeine Vision und Richtung angeben. Dadurch werden Entwicklungen in der nationalen und internationalen Politik stärker berechenbar, was das Investitionsklima für Marktnischen und Innovationen, beispielsweise im Bereich nachhaltiger Energieversorgung, verbessern kann. Gleich-

> **„Cockpitism ignoriert pragmatischere Ansätze in der globalen Umweltpolitik, die sich nicht ausschließlich auf die UN und multilaterale Verhandlungen verlassen.“**

wohl ist es wichtig, dass die Nachhaltigkeitsziele im Unternehmenskontext relevant werden. Zum Beispiel haben der „UN Global Compact", die „Global Reporting Initiative" und der Weltunternehmensrat für Nachhaltige Entwicklung einen Leitfaden erarbeitet, der Unternehmen dabei helfen soll, die Nachhaltigkeitsziele in ihre Buchführung mit einzubeziehen. (6) Die SDGs können grünen Wettbewerb für neue Ideen und Technologien fördern. Und staatliche Institutionen können im Einklang mit den Nachhaltigkeitszielen die richtigen Anreize setzen, gute Verhaltensweisen stimulieren und nicht-nachhaltige Verhaltensweisen unattraktiver machen.

Den Cockpitism dekonstruieren

Das 21. Jahrhundert erfordert neue institutionelle Strategien und eine pragmatischere Herangehensweise, die verschiedene Perspektiven auf nachhaltige Entwicklung miteinbezieht und unterschiedliche Agenten des Wandels mit an Bord nimmt. Die Umsetzung der SDGs wird aber weitestgehend Ländern selbst und nicht-staatlichen Akteuren überlassen. Dieser Ansatz funktioniert natürlich nur, wenn der politische Wille auf internationaler Ebene in Bezug auf die Nachhaltigkeitsziele auf die nationale Ebene in Einklang mit den globalen Ambitionen übertragen wird. Die drei Perspektiven Safe and Just Operating Space, Dynamische Gesellschaft und Grüner Wettbewerb können zum einen dazu beitragen, die Tendenz internationaler Politik zu Cockpitism zu dekonstruieren. Zum anderen betonen diese Perspektiven das Potenzial neuer Agenten des Wandels und helfen, die Nachhaltigkeitsziele auf verschiedene Weisen in den Kontext dieser Agenten des Wandels zu „übersetzen". Damit können die Perspektiven dazu beitragen, die universelle Relevanz der Nachhaltigkeitsziele zu verstärken.

Anmerkungen

(1) Dieser Artikel basiert auf dem Beitrag von Maarten A. Hajer et al., „Beyond Cockpit-ism: Four Insights to Enhance the Transformative Potential of the Sustainable Development Goals" in Sustainability 7/2015, S. 1651-1660.

(2) Biermann, Frank/Abbott, Kenneth/Andresen, Steinar et al. (2012): Navigating the Anthropocene: Improving Earth System Governance. In: Science 335/2012, S. 1306-1307.

(3) Rockström, Johan/Steffen, Will/Noone, Kevin et al.: A Safe Operating Space for Humanity. In: Nature 461/2009, S. 472-475.

(4) Raworth, Kate A. (2012): Safe and Just Space for Humanity: Can We Live within the Doughnut? Oxford.

(5) Hajer, Maarten A. (2011): The Energetic Society. In Search of a Governance Philosophy for a Clean Economy. Den Haag.

(6) http://sdgcompass.org

Wie lautet Ihr ganz persönliches Nachhaltigkeitsziel?

Unser Nachhaltigkeitsziel für 2016 ist es, professionelle Arbeit im Nachhaltigkeitsbereich persönlicher und das Persönliche professioneller zu machen.

Zu den Autoren, zur Autorin

a) Maarten A. Hajer, geb. 1962, ist Professor für Urban Futures an der Universität Utrecht, davor lehrte er Public Policy an der Universität von Amsterdam und war Direktor der PBL Netherlands Environmental Assessment Agency.

b) Marcel Kok, geb. 1968, ist Programmleiter für Umwelt und Entwicklung und Senior Researcher bei der PBL. Er forscht zu Nachhaltigkeitsstrategien und Szenarioanalysen globaler Umweltprobleme.

c) Kathrin Ludwig, geb. 1987, hat globale Umweltpolitik und Sozialforschung studiert. Sie ist Junior Policy Researcher bei der PBL und arbeitet zu globaler Biodiversitätspolitik sowie zu Agenten des Wandels im Bereich Nachhaltigkeit.

Kontakt

Prof. Dr. Maarten A. Hajer, Marcel Kok, Kathrin Ludwig
E-Mail m.a.hajer@uu.nl, marcel.kok@pbl.nl, kathrin.ludwig@pbl.nl

SDGs auf deutscher und europäischer Ebene

Deutschland – Motor in Europa

Von Klaus Milke

Jedes Land muss die Agenda 2030 in nationale Politik umsetzen. Deutschland verknüpft die SDGs mit seiner ohnehin neu zu überarbeitenden Nachhaltigkeitsstrategie. Das gelingt umso besser, je mehr Mitsprache die Zivilgesellschaft bekommt. Außerdem winkt die große Chance, auch Europas Ambitionen zu stärken.

„Nun müssen wir alle aus unseren Silos heraus", sagte der Vizepräsident der EU-Kommission Frans Timmermanns bei einem Treffen mit europäischen NGOs am 27. September 2015 in Manhattan. Wohl wahr. Auch er war an dem Wochenende zusammen mit der EU-Außenbeauftragten Federica Mogherini und Entwicklungskommissar Neven Mimica beim großen SDG-Gipfel in New York dabei. Ebenso die Spitzen fast aller Regierungen der Welt und viele CEOs von Weltunternehmen und Verbänden. Doch wurde gerade am Gebaren der EU-Kommission deutlich, welche Kluft zwischen den neuen universellen nachhaltigen Entwicklungszielen und ihrer angesichts der politischen Wirklichkeit wahrscheinlichen Umsetzung herrscht.
Insbesondere die EU-Kommission muss intensiv nachlegen, um die weltweit geweckten Erwartungen zu erfüllen und die Debatte um die baldige Implementierung der SDGs adäquat mitzuführen. Die EU muss die kurzsichtige wie traditionsreiche Wachstumsdebatte beenden und eine neue, wirklich ambitionierte Nachhaltigkeitsstrategie für die EU auf den Weg bringen. Ohne beispielhafte Umsetzung und ohne Druck aus dem EU-Mitgliedsland Deutschland wird dies in Europa nicht passieren.

Nach der aufrüttelnden Eingangsrede von Papst Franziskus beim SDG-Gipfel und der unmittelbaren Annahme der SDGs durch die Regierungen ging es bei den meisten der über zwei Tage nachfolgenden Ansprachen der Regierungschefs nicht mehr um die Formulierung der Ziele oder eine Relativierung derselben. Im Zentrum stand vielmehr die Frage ihrer Übersetzung in konkrete internationale, vor allem aber nationale Politiken, die dazu erforderlichen Umsetzungsprozesse sowie -strukturen und die besonderen Beiträge, die bestimmte Staaten nun akzentuiert einbringen wollen. Dabei zeigte sich: Die Erwartungen der ärmeren Entwicklungsländer sind ganz besonders groß. Genau sie werden mit Nachdruck die weltweite Implementierung einfordern. Sie legen insbesondere Wert darauf, dass die nicht vollständig erreichten und nun in die SDGs integrierten Millenniumsentwicklungsziele nun durch gemeinsame Kraftanstrengungen verwirklicht werden.

Der besondere Hebel in den SDGs

Ob der SDG-Gipfel historisch zu nennen ist, wird man erst im Nachhinein sagen können. Klar hingegen ist: Die Ziele sind nur so viel wert, wie viel von ihnen tatsächlich bis 2030 umgesetzt werden wird. Das Besondere an den SDGs ist aber ganz sicher ihre auf alle Staaten ausgerichtete Universalität und der anders als bei den MDGs ausdrücklich auf den Menschenrechten basierende Ansatz. Hier liegt ein ganz wichtiger Hebel für die Ärmsten, die aus ihrer Heimat Vertriebenen und die Entrechteten, insbesondere für die globale Gerechtigkeitsdebatte und die Notwendigkeit der Beachtung der planetaren Grenzen (vgl. S. 18 ff.).
Dass die SDGs universell angelegt sind, macht nun aus allen Staaten der Welt Entwicklungsländer und alle müssen ihren Entwicklungspfad nachhaltig gestalten. Es geht also nicht mehr „nur" um Entwicklungspolitik für die armen und für die schwachen, für die die Ziele große Wohlstands- und Entwicklungsschritte bedeuten, sondern sehr viel mehr auch um die Industrie- und Schwellenländer, die unverzüglich beginnen müssen, ihre massiven Fehlentwicklungen wie die überzogene Ausbeute von Natur und Ressourcen zu korrigieren.
Für manche NGOs in der deutschen Entwicklungscommunity ist die nun anzugehende Umsetzung der SDGs in, durch und mit Deutschland im Grunde genau die Gesprächslage, die sie sich schon vor fast 25 Jahren zu Beginn der Globalisierung vor-

gestellt haben (vgl. S. 82 ff.). Der Terminus „Entwicklungsland Deutschland" ist durch die Annahme der SDGs am 25. September beim Gipfel in New York plötzlich zu einer offiziellen Fragestellung für Deutschland, aber eben auch für alle anderen EU-Mitgliedsländer und die EU geworden.

Erwartungen und Rückenwind

Nicht nur aus Binnensicht ist eine intensive deutsche Debatte über die SDGs und deren Umsetzung wichtig. Die Erwartungen sind auch von außen hoch:

- Deutschland und die deutsche Zivilgesellschaft sollten eine pro-aktive Rolle in der nationalen, aber auch in der europäischen und internationalen SDG-Debatte spielen. Auch das global operierende zivilgesellschaftliche Netzwerk „Beyond 2015" (vgl. S. 106 ff.) oder auf europäischer Ebene beispielsweise der entwicklungspolitische Dachverband CONCORD erhoffen sich von deutschen Akteuren der Zivilgesellschaft Präsenz und Beiträge.
- Das Klima- und Energiethema und ein Erfolg in und nach dem Klimagipfel in Paris sind mit den SDGs eng verknüpft. Indem Deutschland auch bei den SDGs als Motor fungiert, bekommen die Ambitionen auch bei anderen Playern eine stärkere Dynamik.
- Eine der zentralen Herausforderungen für alle, aber insbesondere für die Industrieländer, ist Ziel 12, die Entwicklung von nachhaltigen Produktions- und Konsummustern. Deutschland ist hier noch längst nicht so weit, wie es sein könnte, doch hat der Nachhaltigkeitsdiskurs im Land günstige Voraussetzungen für diese gesellschaftliche Debatte geschaffen.
- Wie die SDGs nun übersetzt und in die breite Öffentlichkeit getragen werden, stellt eine große Herausforderung dar. Damit sie als relevant wahrgenommen werden, sind die SDGs mit den harten politischen Themen zu verknüpfen, aktuell: Flüchtlinge, Wirtschafts- und Finanzkrise in Europa, Welthandelsfragen und beispielsweise das Transatlantische Freihandelsabkommen TTIP (vgl. S. 126 ff.).

Vor dem Hintergrund dieser Erwartungen, aber auch eingedenk der überaus ambitionierten Verhandlungsführung Deutschlands, Frankreichs und der Schweiz in New York ist es naheliegend, ja geradezu logisch, dass Deutschland nun die SDGs auch rasch und glaubwürdig umsetzt. Rückenwind geben dafür auch die im Inland bereits geführten Debatten in den vergangenen Monaten. Der Staatssekretärsausschuss für nachhaltige Entwicklung hat wichtige Beschlüsse gefasst und Richtungen vorgegeben, der Rat für Nachhaltige Entwicklung hat dazu debattiert und Vorschläge für das Kanzleramt erarbeitet, der Parlamentarische Beirat für nachhaltige Entwicklung hat eine Stellungnahme abgegeben und Anhörungen organisiert. Insbesondere aber hat sich Kanzlerin Angela Merkel in New York als eine von neun Staatschefinnen in einer vom schwedischen Ministerpräsidenten Stefan Löfven angeführten High-Level Group zur baldigen Umsetzung der SDGs bekannt.

In, mit und durch Deutschland

Es bietet sich an, die für Herbst 2016 vorgesehene Neuformulierung (offiziell heißt es „Fortschreibung") und die Architektur der seit 2002 existierenden deutschen Nachhaltigkeitsstrategie als Ausgangspunkt für die Umsetzung der SDGs in, mit und durch Deutschland zu nutzen:

- Zum einen geht es bei den SDGs in Deutschland um Themen wie Armut, soziale Verwerfungen, Inklusion, Ressourcenschutz, Kreislaufwirtschaft und um neue Konsum- und Produktionsmuster.
- SDGs mit Deutschland stellt die Frage, welche Lösungen Deutschland der Welt zu bieten hat (Energiewende), oder welche negativen Auswirkungen deutsches Handeln global nach sich zieht (Waffenexporte).
- SDGs durch Deutschland eruiert, wie Deutschland andere, vor allem schwächere Länder bei der Umsetzung der Ziele in deren Ländern unterstützt.

Alle drei Ebenen brauchen eigene Implementierungsansätze und gleichzeitig müssen sie konsistent und kohärent zueinander stehen.

Klar ist, dass die 17 Haupt- und 169 Unterziele der SDGs sowie die noch zu erwartenden zwischen 100 und 169 UN-Indikatoren erheblich mehr thematisieren als die bisherige deutsche Nachhaltigkeitsstrategie. Diese deckt vor allem die internationale Dimension bislang wenig ab, das Gleiche gilt für die bisherigen deutschen Nachhaltigkeitsindikatoren, bei denen lediglich einer zu öffentlicher Entwicklungszusammenarbeit und einer zu Handel existiert.

Im März 2016 werden die derzeit noch weiter im UN-Kontext zu verhandelnden SDG-Indikatoren verabschiedet. Die Indikatorenfrage ist nicht zu vernachlässigen. Nicht nur das, was messbar ist, zählt! Jeder Indikator hat auch politische Implikationen. Die deutsche Zivilgesellschaft und weitere gesellschaftliche Akteursgruppen sollte die Politik an einem über die bisherige Nachhaltigkeitsstrategie hinausgehenden deutschen Umsetzungsplan der SDGs zukünftig bei der Planung, der Implementierung und beim Monitoring der Umsetzung beteiligen. Wie das aussehen soll, dazu bereitet die Bundesregierung derzeit einen umfassenden Konsultationsprozess vor, der von Herbst 2015 bis Herbst 2016 unter dem Titel „Globale Ziele - nationale Verantwortung" laufen soll.

Mit der sehr gut besuchten Auftaktveranstaltung des Kanzleramts zur Fortschreibung der Nachhaltigkeitsstrategie am 29. Oktober 2015 wurden Neuerungsambitionen deutlich. Die folgenden Regionalkonferenzen werden Hinweise geben, ob es zusätzlich ein neues Dialogforum zur Umsetzung der SDGs in Deutschland geben wird.

Der Bildungsbereich ist im Zeithorizont bis 2030 von besonderer Bedeutung. Hier gibt es in Deutschland das Bündnis „ZukunftsBildung", das eine aktive Rolle bei der nationalen Umsetzung des Weltaktionsprogramms für Bildung für nachhaltige Entwicklung spielt. Einen weiteren wichtigen Akteursrahmen spannt hier sicherlich auch das Sustainable Development Solution Network (SDSN Germany) von Wissens- und Wissenschaftsorganisationen auf (vgl. S. 76 ff.).

Was Umsetzung der SDGs durch die Wirtschaft angeht, so ist ganz besonders auf die Entwicklung des Nationalen Aktionsplans zu den UN-Richtlinien über Arbeit und Menschenrechte zu achten. Der Aktionsplan ist ein Multi-Stakeholder-Prozess der Bundesregierung unter Leitung des Auswärtigen Amtes, der wegen der menschenrechtlichen Basis eng mit der Umsetzung der Agenda 2030 verknüpft werden sollte.

Die EU-Nachhaltigkeitsstrategie revitalisieren

Gleichzeitig ist die Agenda 2030 aber auch für die einzelnen Bundesländer, für Städte und Kommunen und deren Nachhaltigkeitsstrategien relevant. Hier sind entscheidende Debatten sicherlich noch zu führen und die Erfahrungen und Frustrationen mit den lokalen Agenda-21-Prozessen aus den 1990er-Jahren gilt es unbedingt zu reflektieren. Klar ist jedoch: Ohne Handlungsoptionen auf lokaler und regionaler Ebene wird keine Kraft entstehen, die die gesamte Gesellschaft mitnimmt. Zugleich müssen die EU-Debatte zur nachhaltigen Entwicklung, die Neuformulierung einer eigenen EU-Nachhaltigkeitsstrategie, die es derzeit nicht mehr gibt, und die notwendige Planung der Umsetzung der SDGs auf Kommissionsebene, aber auch in allen Mitgliedsstaaten, im Fokus stehen. EU-Kommissionspräsident Jean-Claude Juncker hat am 24. Juni 2015 mit Karl Falkenberg einen erfahrenen Umweltbeamten zu seinem Sonderberater für nachhaltige Entwicklung ernannt, der einen Report zu einer Neuauflage der Nachhaltigkeitsstrategie der EU vorlegen soll. Darin muss er natürlich den Zusammenhang zu den globalen Entwicklungszielen unmittelbar herstellen. Diese kleine Initiative reicht jedoch bei Weitem nicht aus. Vielmehr müssen auch das EU-Parlament, die Mitgliedsstaaten und die europäische Öffentlichkeit gegenüber der Kommission aktiv werden. Und die Bundesregierung, aber auch die deutschen Parteien und deutsche EU-Parlamentarier(innen) sind ganz besonders gefordert, sich für das Erreichen der SDGs in Deutschland und Europa stark zu machen. Mit den Entwicklungszielen gibt es nun erstmals universelle Leitplanken mit Chancen für mehr Zukunftsfähigkeit für alle. Die Agenda 2030 hat gleichwohl ihre Widersprüche und Unzulänglichkeiten. In jedem Fall wird und muss Deutschland eine wichtige Rolle bei der Umsetzung spielen. Der Dialog zur Umsetzung der SDGs innerhalb der deutschen Gesellschaft, aber gerade auch innerhalb der Zivilgesellschaft sollte deshalb verstärkt, neue Brücken zu wichtigen, bisher zu wenig beachteten Akteuren sollten geschlagen werden – dafür lassen sich die vorhandenen Netzwerke und Dachverbände nutzen. Denn auch für sie gilt: „Wir müssen raus aus den Silos!"

Wie lautet Ihr ganz persönliches Nachhaltigkeitsziel?

Immer auf allen Ebenen hinsehen, analysieren, einmischen – auch wenn's manchmal anstrengend ist!

Zum Autor

Klaus Milke, geb. 1950, ist Mitbegründer und Vorstandsvorsitzender von Germanwatch e.V. und der Stiftung Zukunftsfähigkeit.

Kontakt

Klaus Milke
Germanwatch e.V.
E-Mail milke@germanwatch.org

Die Agenda 2030 und die Zivilgesellschaft im globalen Süden

Hausaufgabenkontrolle

Von Bernd Bornhorst

Die Agenda hat den Status zivilgesellschaftlicher Akteure im Süden gestärkt. Nach wie vor brauchen diese aber Daten und Fakten, um überprüfen zu können, ob ihre Regierungen den Verpflichtungen nachkommen und Strategien für mehr Nachhaltigkeit entwickeln.

Die Agenda 2030 ist ein Meilenstein auf dem Weg zu einer weltweiten nachhaltigen Entwicklung, auch wenn einige Ziele vage und unkonkret ausgefallen sind. Widersprüche und Zielkonflikte, zum Beispiel wie die Wirtschaft bei endlichen Ressourcen weiter wachsen soll, werden nicht angesprochen (vgl. 18 ff.). Dennoch greift das Papier viele wichtige und drängende Probleme auf und gibt konkrete Lösungsvorschläge. Außerdem gilt sie für alle Länder gleichermaßen - schließlich kommt man globalen Problemen wie dem Klimawandel und den Finanz-, Gesundheits- und Nahrungsmittelkrisen nur global bei. Zivilgesellschaftlichen Organisationen (ZGO) aus der ganzen Welt kommt die wichtige Aufgabe zu, die Staaten zur umfassenden Umsetzung der neuen Agenda anzuhalten und die nationalen Anstrengungen - beispielsweise müssen die Regierungen Strukturen schaffen und finanzielle Ressourcen bereitstellen - mit kritischem Blick zu begleiten.

Die ZGO im globalen Süden stehen bei der Umsetzung der Agenda 2030 vor besonderen Herausforderungen. Zunehmende staatliche Restriktionen und Repressionen, fragile politische Verhältnisse oder gewaltsam ausgetragene Konflikte schränken ZGO stark in ihrer Bildungs- und Lobbyarbeit, insbesondere auch in ihrer Watchdog-Funktion ein. Seit einigen Jahren ist zu beobachten, dass Staaten – autoritäre, aber auch demokratische – in unterschiedlichem Maße versuchen, zivilgesellschaftliches Engagement für Menschenrechte, Armutsbekämpfung und gute Regierungsführung zu begrenzen oder gar zu kriminalisieren. Einschränkungen gibt es in vielen Ländern Afrikas südlich der Sahara (in Simbabwe), im Nahen und Mittleren Osten (in Saudi-Arabien), aber auch in Lateinamerika (in Brasilien). Die Restriktionen reichen vom Errichten von rechtlichen Hürden bei der Registrierung als ZGO über die Einschränkung ihrer Finanzierung aus dem Ausland bis hin zu ihrer Denunzierung. In einigen Staaten werden Aktivist(inn)en systematisch wegen ihres Engagements und unter falschen Anschuldigungen verhaftet oder gar zum Tode verurteilt.

Statistik: Erheblicher Nachholbedarf im globalen Süden

Unter solchen Bedingungen ist es natürlich sehr schwierig für ZGO, Transparenz einzufordern und die Umsetzung der Nachhaltigkeitsziele effektiv zu überwachen. Eine weitere Herausforderung ist insbesondere im globalen Süden die schlechte Datenlage zur Überprüfung der SDGs. Valide Daten brauchen die ZGO aber dringend, um ihre Regierungen für ihr Handeln bei der SDG-Umsetzung zur Rechenschaft ziehen zu können (vgl. S. 82 ff.). Denn was nicht gemessen wird oder werden kann, fällt auch leicht von der politischen Agenda. Einige Länder im globalen Süden haben erheblichen Nachholbedarf, was den Ausbau ihrer statistischen Kapazitäten angeht. Daten, die internationale Organisationen erheben, können diesen Mangel nicht ausgleichen. Außerdem bilden offizielle Statistiken möglicherweise gar nicht die Entwicklungen ab, auf die es den ZGO für ihre politische Arbeit ankommt.

ZGO weltweit, aber vor allem im globalen Süden, müssen deshalb für ihr Monitoring verstärkt auf Daten aus der Wissenschaft oder auf selbst erhobene Daten zurückgreifen. Einige große ZGO sammeln schon jetzt eine Vielzahl von zur SDG-Überprüfung wichtigen Daten. Beispiele sind der Welthungerindex, der über die globale Ernährungssituation informiert und von Welthungerhilfe, dem Internationalen Forschungsinstitut für Ernährungspolitik und Concern Worldwide herausgegeben wird. Andere Beispiele sind der „Global Age Watch Index" von HelpAge International zur Lebenssituation alter Menschen oder das „Global Corruption Barometer" von Transparency International, das über die Regierungsführung Auskunft gibt. Viele ZGO in Nord und Süd erfassen im Zuge ihrer Projekte und bei der Begleitung und Auswertung sektoraler Programme vor allem auf lokaler und regionaler Ebene eigene Daten. Darüber hinaus können sie neue Formen der Datenerhebung, etwa auf Basis von „Citizen Science" heranziehen. Ein Beispiel für die Förderung eines Bürgerwissenschafts-Monitoring mit Blick auf die SDG-Umsetzung ist die Initiative „Big Development DataShift" des globalen zivilgesellschaftlichen Netzwerkes CIVICUS. Aber auch die Open Knowledge Foundation Deutschland plant mit „2030-Watch" ein um für ZGO relevante Daten erweitertes SDG+-Monitoring.

> **„Seit einigen Jahren ist zu beobachten, dass Staaten versuchen, zivilgesellschaftliches Engagement zu begrenzen oder gar zu kriminalisieren."**

Mit dem Auf- und Ausbau eigener Mess- und Monitoringkapazitäten können und sollen ZGO staatliche wie internationale Unzulänglichkeiten zwar nicht ausgleichen. Selbst erfasste Daten können aber eine solide, von offiziellen Statistiken unabhängige Basis bilden, um die Regierungen zur Rechenschaft ziehen zu können. Deshalb müssen die Mess- und Monitoringkapazitäten schnell und effektiv ausgebaut werden. Damit wird deutlich, dass die Agenda 2030 keine reine Angelegenheit der Entwicklungs- und Umweltpolitik ist. Es geht darum, für die gesamte Regierungspolitik Agenda-2030-Kompatibilität herzustellen. Das gilt insbesondere für die Agrar- und die Handelspolitik. Hier muss die Bundesregierung, auch und insbesondere im Rahmen der EU, darauf hinwirken, diese fair und nachhaltig zu gestalten. Die Politik muss die Interessen der Länder im globalen Süden endlich ausreichend berücksichtigen. Exporte von subventionierten Hühnerteilen, die lokale Märkte in Afrika zerstören und Kleinbauern und Kleinbäuerinnen ihrer Lebensgrundlage berauben, müssen endlich der Vergangenheit angehören. Hier bedarf es Initiativen in Europa, die

dafür sorgen, dass Landwirtschaftsbetriebe auch ohne Subventionen lebensfähig sind, indem auf ökologisch-sozial nachhaltige Produktion umgestellt wird.
Den Druck stabil aufrechtzuerhalten, kann entwicklungspolitischen ZGO wie dem Verband Entwicklungspolitik und Humanitäre Hilfe deutscher Nichtregierungsorganisationen (VENRO) aber nur gelingen, wenn die Akteure die Zusammenarbeit und Absprache auch und gerade jenseits der eigenen Gemeinde in der Entwicklungszusammenarbeit versuchen und verstetigen. Kooperationen sind nicht mehr nur mit Umweltorganisationen, sondern auch mit Sozialverbänden und Gewerkschaften einzugehen.

Mehr Druck aus dem Norden nötig

Mit der Agenda 2030 hat sich aber auch die Rolle von Süd-ZGO mit Blick auf die Länder im globalen Norden verändert. Dass die Ziele universell gelten, stärkt ihre legitimen Entwicklungsansprüche gegenüber den Industrieländern deutlich. Viele politische und wirtschaftliche Entwicklungen im globalen Süden hängen ganz eng mit der in den Industrieländern betriebenen Politik zusammen. Das heißt, die Finanz-, Wirtschafts- und Umweltpolitiken der Industrieländer haben einen enormen Einfluss auf die Lebensbedingungen im globalen Süden. Deshalb sind die Nord-ZGO besonders gefragt, die Interessen der Entwicklungsländer und armer Bevölkerungsgruppen aufzugreifen und die Südperspektive in den politischen Prozess einzubringen. Vor allem, was die im Norden vorherrschende Produktions- und Konsumweise angeht, müssen sie noch mehr Druck auf ihre Regierungen machen. Es gilt dafür zu sorgen, die Menschenrechte in globalen Wertschöpfungsketten (in der Textilindustrie) zu wahren, und übermäßigen Konsum, der zu Flächenverbrauch (in Brasilien) und Umweltschäden (beim Bergbau) führt, einzuschränken. Dafür ist es notwendig, die Menschen im globalen Norden dazu zu bewegen, ihre Konsumgewohnheiten zu verändern, um darüber Druck auf transnationale Unternehmen aufzubauen, damit diese ihren Verpflichtungen zur Einhaltung der Menschenrechte und zur Realisierung menschenwürdiger Arbeitsbedingungen nachkommen.
Diese nationale Zusammenarbeit würde dann auch weltweit die Fähigkeiten und das Gewicht der ZGO erhöhen, wenn es um die Begleitung und die Überprüfung der Umsetzung der SDGs geht. Die Unterstützung und das Sammeln von Erfahrungen über Best-practice-Beispiele würde so nochmals deutlich erweitert und auch glaubwürdi-

ger. Voneinander Lernen – hüben wie drüben – wird daher zukünftig einen noch größeren Stellenwert einnehmen. Die ZGO im globalen Norden könnten beispielsweise über Peer-Reviews durch Süd-ZGO entscheidend dazu lernen, um die Effektivität ihrer Lobby- und Kampagnenarbeit zu verbessern. Das gemeinsame Lernen stärkt schon jetzt beständig die Arbeit von VENRO, die in vielfältiger Weise mit ihren Partnern vor Ort verbunden sind und im Dialog stehen. Denn schließlich können diejenigen, die von den Politiken der Industrieländer am meisten betroffen sind, am besten beurteilen, was von Seiten des Nordens auch noch oder mehr zu tun ist.

Mit der Agenda 2030 versucht die Weltgemeinschaft den großen Wurf und zielt auf eine sozial-ökonomische Transformation aller Lebensbereiche. Die Transformation zu einer zukunftsfähigen Weltgesellschaft kann aber nur in enger Kooperation der verschiedenen betroffenen Sektoren gelingen, national wie transnational. Es geht jetzt darum, einen nachhaltigen Entwicklungsweg einzuschlagen, der Armutsbekämpfung, Gerechtigkeit, Umweltschutz, Frieden und Sicherheit ins Zentrum stellt – überall. Die Agenda 2030 bietet dafür eine gute Chance und wir sollten sie nutzen.

Wie lautet Ihr ganz persönliches Nachhaltigkeitsziel?

Genieße dein Leben in vollen Zügen! Fahr' Bahn, dann bleibst du auf der Strecke – und nicht die Umwelt!

Zum Autor

Bernd Bornhorst, geb. 1962, hat Politikwissenschaft, Soziologie und Publizistik studiert und ist seit 2013 Vorstandsvorsitzender des Verbands Entwicklungspolitik Deutscher Nichtregierungsorganisationen (VENRO). Außerdem leitet er die Abteilung Politik und globale Zukunftsfragen bei Misereor und sitzt im Kuratorium der Deutschen Gesellschaft für Internationale Zusammenarbeit.

Kontakt

Dr. Bernd Bornhorst
VENRO Verband Entwicklungspolitik
und Humanitäre Hilfe
E-Mail b.bornhorst@venro.org

Impulse

Projekte und Konzepte

Datenerhebung in globaler Partnerschaft

Gemeinsam Lücken schließen

Die Agenda 2030 steht bei ihrer Umsetzung vor einem Problem: Vor allem in den ärmeren Teilen der Welt fehlen genaue Daten - von Geburten- und Mortalitätsraten über Krankheitsprävalenzen bis hin zu einfachen Bevölkerungszahlen tun sich Lücken auf. Doch ohne Daten ist es schwer, die Umsetzung der SDGs zu kontrollieren. Deshalb haben sich über 70 Unternehmen, staatliche Institutionen, Forschungsgruppen und NGOs zur „Global Partnership for Sustainable Development Data" zusammengeschlossen. Gemeinsam möchten sie Datenlücken schließen, die effektive Nutzung der Daten verbessern und vorhandene Daten der Öffentlichkeit zugänglich machen.
Durch die Unterschiedlichkeit der Partner decken sie den Informationsbedarf für die Umsetzung der 17 verschiedenen SDGs ab. Die Impfallianz GAVI etwa sammelt Daten über Impfstoffverteilung, die Überwachung vermeidbarer Krankheiten und Impfsicherheiten. Der Softwarehersteller Esri stellt sein Geoinformationssystemprogramm ArcGIS zur Verfügung, um räumliche Daten in wenig entwickelten Ländern zu sammeln, zu verwalten und zu benutzen.
Gegründet wurde die Partnerschaft auf Forderung des UN-Generalsekretärs Ban Ki-moon Ende September, 2016 beginnen die ersten Projekte. (lh)

Link: www.data4sdgs.org

Bekämpfung von Mangelernährung

Hunger nach Selbstbestimmung

Die Vision des Vereins „Das Hunger Projekt" ist „eine Welt ohne Hunger, in der alle Mädchen und Jungen, Frauen und Männer die Chance haben, ein gesundes und eigenständiges Leben zu führen, in Selbstbestimmung und in Einklang mit der Natur". Das 1977 in den USA gegründete Projekt ist seit 1982 auch in Deutschland ein eingetragener gemeinnütziger Verein, der sich hauptsächlich aus privaten Spenden finanziert. Gefördert wird es unter anderem durch das Bundesministerium für wirtschaftliche Zusammenarbeit und Entwicklung (BMZ).
Um chronischen Hunger - also Mangelernährung über lange Zeit - zu bekämpfen, sieht das Projekt seine Aufgabe nicht hauptsächlich in der Bereitstellung von Nahrung, sondern will Hungernde ermächtigen, selbst aktiv zu werden.
Zu diesem Zweck unterstützt es beispielsweise Zusammenschlüsse von abgelegenen

Dörfern beim Bau eines „Epizentren-Gebäudes", das nicht nur Raum für einen Nahrungsspeicher bietet, sondern auch für eine Bank, ein Gesundheitszentrum, einen Versammlungsraum, eine Bücherei und angeschlossene Bildungsstätten. Verschiedene Komitees aus der Dorfbevölkerung sollen das Gebäude in Kooperation mit der Kommunalverwaltung mit Leben füllen. Der eigenverantwortliche Aufbau bestärkt die Einwohner(innen) darin, sich auch auf Feldern wie der Alphabetisierung, der HIV-Aufklärungsarbeit oder einem diversifizierten Ackerbau zu engagieren. Besonders Frauen sollen die Möglichkeit zu mehr Mitwirkung erhalten, da sie über den geringsten Einfluss und Besitz verfügen, obwohl sie die größte Verantwortung für die Ernährung ihrer Familien tragen. (md)

Link: www.das-hunger-projekt.de

CIFAL-Netzwerk
Nachhilfe für Entscheidungsträger

Das Ausbildungs- und Forschungsinstitut der Vereinten Nationen UNITAR (United Nations Institute for Training and Research) und das daran angeschlossene Internationale Ausbildungszentrum für Autoritäten und Leader CIFAL (Centre International de Formation des Autorités et Leaders), organisieren Trainingsprogramme für Personen aus Regierungskreisen und NGOs, für Wirtschaftsvertreter(inne)n und Wissenschaftler(innen). Insbesondere Repräsentant(inn)en aus Entwicklungsländern ermuntert das Netzwerk zur Teilnahme.

Die Schulungsthemen kommen aus den Bereichen nachhaltige Entwicklung und Armutsbekämpfung, Umweltschutz, Urbanisierung, Gleichberechtigung der Geschlechter, Gesundheitsschutz und öffentlich-private Partnerschaften. Auch die SDGs und deren Implementierung wurden als Themenblock aufgenommen. Das CIFAL-Netzwerk besteht momentan aus 14 Trainingscentern in Europa, Asien, Afrika sowie in Nord- und Lateinamerika, es gibt aber auch zahlreiche Onlinekurse. Seit der Gründung 2003 wurden in über 500 Kursen rund 40.000 Personen weitergebildet. UN-Generalsekretär Ban Ki-moon zufolge kommt das CIFAL-Netzwerk der dringenden Notwendigkeit nach, Kapazitäten zu verstärken und den Austausch bewährter Verfahren zwischen lokalen Behörden, dem Privatsektor und der UN zu fördern. (lh)

Link: www.cifalglobalnetwork.org

Europäisches Klima-Bündnis
Städtenetzwerk denkt global und handelt lokal

Das Klima-Bündnis hat sich zur Verbesserung des Weltklimas zum Ziel gesetzt, Treibhausgasemissionen zu reduzieren und gleichzeitig indigene Kommunen zu unterstützen. Die teilnehmenden europäischen Städte verpflichten sich freiwillig dazu, ihre CO_2-Emissionen alle fünf Jahre um zehn Prozent zu verringern. Dies wird insbesondere durch Verbesserungen in den Bereichen Energie und Verkehr, Öffentlichkeitsarbeit im Rahmen des Regenwaldschutzes und den Verzicht auf Tropenholz erreicht.

Damit will das Bündnis ein Bewusstsein für die globalen Auswirkungen des lokalen Handelns in europäischen Städten schaffen, außerdem werden viele der siebzehn SDGs adressiert. In fast allen Projekten geht es um Ziel 11, Städte inklusiv, sicher, widerstandsfähig und nachhaltig zu machen. Auch Ziel 17, Mittel zur Implementierung und Wiederbelebung von globalen Partnerschaften für nachhaltige Entwicklung stärken, ist ein übergeordnetes Bestreben des Klima-Bündnisses. In einzelnen Projekten wird dem Biodiversitätsverlust und Raubbau entgegengewirkt (Ziel 15), andere verfolgen Ziel 7, den Zugang zu bezahlbarer, verlässlicher, nachhaltiger und zeitgemäßer Energie für alle zu sichern.
Mittlerweile gibt es das Klima-Bündnis seit 25 Jahren; mit über 1.700 Mitgliedern aus 26 europäischen Ländern ist es der weltgrößte Verbund von Städten mit Klimazielen. Zur besseren Unterstützung der Städte und indigenen Partner hat das Klima-Bündnis eigene Instrumente und Methoden sowie diverse Projekte zur Klimaschutzplanung erschaffen, es fördert außerdem den Austausch zwischen den Kommunen und vertritt deren Interessen auf allen politischen Ebenen.
Die geförderten Programme sind dabei vielfältig und reichen von der Umrüstung von Straßenbeleuchtung auf stromsparende LED-Lampen über die Entwicklung eines kommunalen Klimaschutzaktionsprogramms („Climate Compass") hin zu Radfahrwettbewerben, bei denen die Kommune mit den meisten gefahrenen Kilometern gewinnt („Stadtradeln"). Den indigenen Partnern hilft das Klima-Bündnis zum Beispiel durch den Bau von Werkstätten für Solarlampen im peruanischen Regenwald oder durch juristische Hilfe bei Streit um Landrechte für Gemeinden in Ecuador. (lh)

Kontakt: Klima-Bündnis
Europäische Geschäftsstelle
Galvanistr. 28, D-60486 Frankfurt a.M.
Fon ++49/(0)69/71 71 39 -0
E-Mail europe@klimabuendnis.org
www.klimabuendnis.de

Junge Menschen für Entwicklungsziele gewinnen

Mit Merkel-Masken für globale Gerechtigkeit

„Entwicklung braucht Beteiligung" vermerkt das Projekt „Deine Stimme gegen Armut" im Nachsatz seines Namens. Um für eine solche breite Beteiligung zu sorgen, betreiben die Organisator(inn)en Kampagnenarbeit: Im Sommer 2015 beispielsweise lockte das „Deine Stimme gegen Armut"-Festival in München, bei dem neben der Musik die Arbeit mehrerer Hilfsorganisationen im Mittelpunkt stand.
Besonders junge Menschen will das von VENRO, dem Dachverband deutscher NGOs für Entwicklungspolitik, getragene Projekt ansprechen, sich zu Entwicklungsagenden eine Meinung zu bilden und an Inhalt und Umsetzung mitzuwirken: Der „Action Blog" und der Newsletter „Deine Stimme informiert" stellen das nötige Hintergrundwissen über die Ablösung der MDGs durch die SDGs bereit und berichten zu weiteren aktuellen Herausforderungen der weltweiten

Entwicklung. Besucher(innen) der Homepage von „Deine Stimme gegen Armut" werden außerdem zum Handeln eingeladen: Sie können eine Mail an Bundeskanzlerin Angela Merkel versenden, in der sie sich für globale Gerechtigkeit aussprechen, oder indem sie Aktionsmaterialien wie Postkarten und Merkel-Masken anfordern, um an öffentlichen Orten aktiv zu werden. (md)

Kontakt: Claus Körting
Projektleiter „Deine Stimme gegen Armut – Entwicklung braucht Beteiligung"
Verband Entwicklungspolitik deutscher Nichtregierungsorganisationen (VENRO)
Stresemannstr. 72
D-10963 Berlin
www.deine-stimme-gegen-armut.de

Interessensvertretung im Post-2015-Prozess

Werkzeugkasten zur Mitbestimmung

„Influencing the Post-2015 Development Agenda" verspricht das Advocacy Toolkit des Europäischen Umweltbüros: Es handelt sich um einen Werkzeugkasten im übertragenen Sinne, um die Post-2015-Entwicklungsagenda im Sinne der eigenen Interessen zu beeinflussen.

Das online kostenfrei aufrufbare Handbuch gliedert sich in zwei Teile: Der erste gibt Überblick über die Beteiligten und den zeitlichen Ablauf des Entscheidungsprozesses für die Entwicklungsagenda, sodass sich für einen eigenen Beitrag relevante Foren und potenzielle Kooperationspartner(innen) identifizieren lassen.

Der zweite Teil leitet an, wie eine erfolgreiche Strategie aufgebaut sein sollte und welche Maßnahmen dafür sorgen, dass die Botschaft durchdringt und Berücksichtigung findet. Zwar schicken die Toolkit-Autor(inn)en vorweg, dass keinerlei Vorkenntnisse nötig seien – um die Vorschläge befolgen zu können, sind allerdings die Ressourcen einer bereits bestehenden Gruppierung notwendig, sowohl hinsichtlich Personenanzahl, Zeit, Finanzen als auch bezogen auf Kontakte zu anderen Lobbygruppen, Regierungsvertreter(inne)n und zur Presse. Als Beispielkampagnen werden beschrieben: simultane Aktivitäten auf YouTube, Twitter oder Facebook, das Abhalten von Foren und Pressekonferenzen sowie das Bereitstellen von Infomaterialien für die breite Öffentlichkeit. Bereits Aktiven mag das Handbuch eine gute Hilfe sein, ihre Kampagnenarbeit zu optimieren oder auf den Post-2015-Prozess zuzuschneiden. (md)

Link: issuu.com/europeanenvironmentalbureau/docs/post2015advocacytoolkit

Bonn-Symposium

Erfahrungsaustausch zur Post-2015-Agenda

2008 rief die Stiftung Entwicklung und Frieden das Bonn-Symposium ins Leben. Anfangs noch als Plattform für nachhaltige Entwicklung konzipiert, richtet sich die Veranstaltungsreihe seit 2013 auf die Post-2015-Agenda aus und nimmt dabei besonders die Rolle des lokalen Engagements in den Blick.

Zielsetzung des Symposiums war der internationale Austausch über die globale Entwicklungsagenda und das Aufzeigen von Wegen für kommunale Akteure, nicht nur für die Umsetzung der Agenda verantwortlich zu sein, sondern auch auf ihre Gestaltung Einfluss zu nehmen. Das Bonn-Symposium im November 2015 bildet den Abschluss der insgesamt drei jährlich stattfindenden internationalen Konferenzen der Stiftung Entwicklung und Frieden: Ihm voraus gingen die Potsdamer Frühjahrsgespräche mit Schwerpunkt Afrika und der Berliner Sommerdialog zu internationaler Verantwortung in Krisen und Konflikten. (md)

Link: www.sef-bonn.org/veranstaltungen/bonn-symposium.html

Women's Education Project
Mit College-Abschluss aus der Armut

Die Gründung des Women's Education Project (WEP) folgte auf die Aufenthalte von Zoe Timms in Indien. Die US-Amerikanerin lernte junge indische Frauen kennen, die hart für ihren High-School-Abschluss gearbeitet hatten, ihre Träume von beruflichem Erfolg als Unternehmerinnen, Krankenschwestern oder Lehrerinnen aber aufgeben mussten, da ihre Familien, angewiesen auf ihre Arbeitskraft, kaum Geld für die weitere Ausbildung erübrigen konnten.
Seit 2002 können junge Frauen, deren Familien von weniger als 1,50 US-Dollar am Tag leben, in den Zentren des WEP ihren College-Abschluss erwerben und finden Unterstützung auf der Suche nach einer passenden Arbeitsstelle. Sie erhalten Unterricht von einheimischen Lehrer(inne)n, bekommen die nötigen Bücher und besuchen Begleitprogramme, deren Ausflüge oder Workshops sie selbst organisieren und die sie so zu selbstbewusstem und eigenverantwortlichem Handeln motivieren.
Die jährlichen Kosten von 250 US-Dollar pro Teilnehmerin, die für Ausbildung, Materialien, Arbeitsräume sowie den PC-Pool und den Mittagsimbiss anfallen, werden über Spenden finanziert. So müssen die jungen Frauen lediglich zwei Dollar pro Monat selbst bezahlen. (md)

Link: www.womenseducationproject.org

Right to Education Project
Einsatz für die Menschenrechte

Das Right to Education Project setzt sich dafür ein, Menschenrechte, Bildung und Entwicklung stärker miteinander zu verknüpfen. Die Bevölkerung soll ermutigt werden, ihr Recht auf Bildung einzufordern; Verantwortliche sollen dazu gebracht werden, dieses Recht auch umzusetzen. Dazu entwickelt das Projekt Forschungs- und Anwendungsmechanismen, die bei der Umsetzung helfen sollen.
Gegründet hat das Projekt im Jahr 2000 die erste UN-Sonderbeauftragte für Bildung Katarina Tomaševski. Seit 2008 führen es ActionAid International, Amnesty International, Global Campaign for Education, Save the Children und Human Rights Watch als gemeinschaftliche Initiative fort. Die Träger analysieren die Folgen von Bildungspriva-

tisierung, sie bieten Onlinekurse über das Recht auf Bildung an und engagieren sich unter anderem in Bürgerbeteiligungen, um die Post-2015-Agenda zu beeinflussen. Das Right to Education Project hat sich insbesondere dafür eingesetzt, Menschenrechte in die Agenda 2030 aufzunehmen. Das Recht auf Bildung sieht es dabei zusätzlich als essenziellen Kern der Entwicklungsziele, mit der Begründung, dass sich alle anderen Ziele nur durch Bildung und Aufklärung erreichen lassen. (lh)

Link: www.right-to-education.org

The Sustainability Literacy Test
Nachhaltigkeitswissen für alle

Der Nachhaltigkeitswissenstest (engl. The Sustainability Literacy Test, SULITE) wurde entwickelt, um zukünftigen Universitätsabsolvent(inn)en weltweit ein Grundwissen über soziale, ökologische und ökonomische Probleme zu vermitteln. Inhaltlich geht es beispielsweise um Basiswissen zu Wasser- und Kohlenstoffkreisläufen oder den Treibhauseffekt. Die teilnehmenden Universitäten haben sich dazu verpflichtet, SDGs zu lehren, Forschung über Nachhaltigkeitsprobleme zu fördern, den Campus zu begrünen, das Nachhaltigkeitsbestreben in ihren Gemeinden und Städten zu unterstützen und Forschungsergebnisse international zu teilen. In einem 30-minütigem Multiple-Choice-Test werden die Bachelor- oder Masterstudierenden und Doktorand(inn)en vor Beenden ihres Studiums online zu ihrem Nachhaltigkeitswissen befragt. Die Ergebnisse dienen einerseits dazu, eigenes Wissen über Nachhaltigkeit einstufen zu können, zum anderen machen sie Wissensstandards über Nachhaltigkeit weltweit besser vergleichbar. Es ist außerdem möglich, das erzielte Ergebnis in Zeugnisse miteinzubeziehen. Eine andere Anwendungsmöglichkeit des Tests ist die Wissensevaluation zur anschließenden Anpassung des Curriculums.

Für Universitäten und andere Bildungseinrichtungen ist der Test kostenlos, eine Version für Unternehmen soll Anfang 2016 verfügbar sein – ab dann soll es Universitäten und Unternehmen auch möglich sein, eigene Fragen hinzuzufügen. Mittlerweile ist der Test in sieben Sprachen verfügbar und wurde bereits von Student(inn)en aus 30 Ländern und über 260 Universitäten absolviert. Zu den leitenden Beratern gehören unter anderem das Umwelt- sowie das Entwicklungsprogramm der Vereinten Nationen (UNEP und UNDP) sowie die UNESCO, die Organisation der Vereinten Nationen für Bildung, Wissenschaft und Kultur. (lh)

Link: www.sulite.org
Anmeldelink für Universitätsvertreter:
www.sulite.org/en/visitor/createUnivUser
(Studierende können erst teilnehmen, wenn ihre Universität registriert wurde.)

Target 12.6 Live Tracker
SDG-Erfolge messen

Das Unterziel 12.6 der SDGs besagt, dass Unternehmen, insbesondere große und transnationale Unternehmen, zu ermutigen sind, nachhaltige Verfahren einzuführen und in ihre Berichterstattung Nachhaltigkeitsinformationen aufzunehmen. Der SDG Target 12.6 Live Tracker ist eine von der Global Reporting Initiative (GRI) entwickelte Online-Plattform, die es Regierungen und allen anderen Interessenten ermöglicht, Nachhaltigkeitsreporte aus der ganzen Welt aufzurufen und damit nachzuprüfen, ob und wie SDG 12.6 umgesetzt wird. Eine Karte visualisiert, wie viele Nachhaltigkeitsberichte im laufenden Jahr im ausgewählten Land veröffentlicht wurden und ob es dort eine Richtlinie für Nachhaltigkeitsberichte gibt. Das Herzstück der Website ist die Suchfunktion, mittels der man sich alle Berichte nach bestimmten Suchbegriffen und -kategorien wie beispielsweise Erscheinungsjahr, Region oder Branche geclustert anzeigen lassen kann.

Nach einer einjährigen Bestandsaufnahme plant die GRI ab September 2016 ein Coaching, das Handlungskompetenzen und Wissen vermitteln soll. Es soll vor allem Ländern, aus denen keine oder wenige Einträge kommen, das Berichten über Nachhaltigkeitsziele und -projekte erleichtern. (lh)

Link: http://database.globalreporting.org/SDG-12-6

Business for 2030

Mit Global Playern zum Ziel?

Business for 2030 ist ein vom United States Council for International Business (USCIB) gegründetes Webportal, das produktive Partnerschaften zwischen öffentlichen und privaten Sektoren auf UN- und nationaler Ebene fördern soll, um das Erreichen der SDGs zu unterstützen. Unternehmen sollen außerdem in die Verhandlungen und Umsetzung der 2030-Entwicklungsagenda miteinbezogen werden. Die Website stellt konkrete Initiativen vor, mit denen einzelne Unternehmen ihren Teil zur Post-2015-Agenda beisteuern.

Bisher haben sich über 80 Firmen mit ihren Projekten angemeldet. Eingereichte Projekte müssen den sogenannten SMART-Kriterien entsprechen, das heißt spezifisch, messbar, akzeptiert, realistisch und terminiert sein. Außerdem müssen sie mit mindestens einem der 17 SDGs in Zusammenhang stehen.

Der US-Einzelhandelskonzern Walmart hat sich beispielsweise mit SDG 14 beschäftigt und sich zum Ziel gesetzt, nur noch durch den Marine Stewardship Council (MSC) oder Best Aquaculture Practices (BAP) zertifizierte Fischprodukte zu verkaufen.

Für das Erreichen von SDG 3 setzt sich der Pharmakonzern Merck mit seinem Projekt „Merck for Mothers" ein, bei dem es darum geht den Zugang zu erschwinglicher, qualitativer Versorgung zu erleichtern, neue Produkte zu entwickeln und Aufklärung zu leisten, um Geburtskomplikationen zu vermeiden.

Microsoft stellt sein Softwareprogramm Child Exploitation Tracking System (CETS) kostenfrei Strafverfolgungsbehörden zur Verfügung, um die Verbreitung und Vervielfältigung kinderpornografischen Materials einzudämmen und Verdächtige effektiver verfolgen zu können (SDG 16). (lh)

Link: www.businessfor2030.org

Medien

Sachs, J.: The Age of Sustainable Development

Das neue Buch des renommierten Ökonomen Jeffrey D. Sachs ist ein Manifest für Nachhaltigkeit in der heutigen und zukünftigen Welt. Als Direktor des Sustainable Development Solutions Networks der Vereinten Nationen war Sachs intensiv an der Entwicklung der SDGs beteiligt.

Das Buch beginnt mit einer ausführlichen Einleitung, warum wir weltweit eine nachhaltige Entwicklung brauchen. Die nächsten Kapitel geben eine Zusammenfassung über aktuelle Ungleichheiten auf der Welt und einen geschichtlichen Überblick über wirtschaftliche Entwicklungen. Im Folgenden geht es um Nachhaltigkeit in den verschiedenen Bereichen, die von den MDGs und SDGs adressiert wurden: das Ziel, Armut und Hunger zu beenden, Gesundheitsversorgung und Bildung für alle zu schaffen, Klimawandel und Biodiversitätsverlust zu bekämpfen und vieles mehr. Sachs erklärt in anschaulicher Weise den aktuellen Stand und gibt am Ende Ausblicke zum Umgang mit den Problemen. Im letzten Kapitel stellt er die SDG-Arbeitsweise vor und erörtert die Finanzierung und Umsetzbarkeit der Ziele.

Das Buch ist für ein sehr breites Leser(inne)n-Spektrum geeignet, zahlreiche Abbildungen, Diagramme und Karten tragen zum weiteren Überblick und zur Auflockerung bei. (lh)

Sachs, Jeffrey: The Age of Sustainable Development, Columbia University Press, New York 2015, 543 S., 28,95 €, ISBN 978-0-23117-315-5

Kappes, B./Seitz, K. (Hrsg.): Nachhaltige Entwicklung braucht Global Governance – Weltinnenpolitik für das 21. Jahrhundert

Hunger, Armut, Klimawandel – globale Probleme brauchen globale Antworten. Welche Regeln, Regime, Prinzipien und Institutionen sind dafür nötig und welche Spannungsfelder ergeben sich aus der Forderung nach einer „Weltinnenpolitik"? Der vorliegende Band versammelt die Beiträge einer Tagung zu diesem Thema, mit dem sich 2014 auch die Evangelische Kirche in Deutschland in ihrer Studie „Nachhaltige Entwicklung braucht Global Governance" befasst hat.

In zehn Beiträgen diskutieren Autor(inn)en aus Entwicklungspolitik und Wissenschaft Fragen der globalen Kooperation – die Politikwissenschaftlerin Inge Kaul etwa entwickelt

ein analytisches Instrumentarium, das die systematischen Schwierigkeiten offenbart, die sich bei der Umsetzung effektiver Global-Governance-Strukturen ergeben. Konkreter wird es bei Michael Windfuhr. Der stellvertretende Direktor des Deutschen Instituts für Menschenrechte fasst in seinem gut lesbaren und informativen Beitrag die Einschnitte und Veränderungen in der Welternährungsarchitektur seit 1945 zusammen.
Der frühere Generealsekretär des Ökumenischen Rates der Kirchen, Konrad Raiser, beleuchtet den Beitrag der Ökumene zu einer Weltinnenpolitik und der ehemalige Direktor der schwedischen Dag-Hammarskjöld-Stiftung, Henning Melber, befasst sich mit Initiativen der internationalen Zivilgesellschaft. Heidemarie Wieczorek-Zeul schließlich hat Gelegenheit, unter dem Motto „Zwischen Vision und Realpolitik" ihre Arbeit als ehemalige Bundesministerin für wirtschaftliche Zusammenarbeit und Entwicklung Revue passieren zu lassen.
Die Beiträge zeichnen sich durch eine gelungene Mischung aus praktischer Problemstellung und abstrakter Reflexion aus und liefern somit theoretisches Rüstzeug für den Alltag in NGOs, Initiativen oder Parteien. Deshalb eignet sich der Band hervorragend für all jene, die politisch für eine nachhaltige Weltinnenpolitik eintreten. Doch auch Akademiker(innen) und Menschen, die an der ökumenischen Debatte zu Global Governance und nachhaltiger Entwicklung interessiert sind, werden auf ihre Kosten kommen.

(Moritz Elliesen, zuerst veröffentlicht in Weltsichten 7/2015)

Kappes, Bernd/Seitz, Klaus (Hrsg.): Nachhaltige Entwicklung braucht Global Governance – Weltinnenpolitik für das 21. Jahrhundert
oekom, München 2015, 168 S., 22,95 €,
ISBN 978-3-86581-730-3

Caparrós, M.: Der Hunger – Wie zum Teufel können wir weiterleben, obwohl wir wissen, dass diese Dinge geschehen?

Fünf Jahre lang bereiste der Journalist und Schriftsteller Martín Caparrós verschiedene Länder der Erde und befragte die ärmere Bevölkerung zu ihrer Situation. Dabei besuchte er arme Länder wie Niger, Südsudan oder Madagaskar, aber auch reiche Länder wie die USA und Spanien.
Die Ergebnisse dieser Reise hat der Autor in diesem Buch festgehalten – und sie sind erschreckend und irritierend. Gleich zu Beginn wird klar, dass sich die meisten der armen Menschen ein besseres Leben schlichtweg nicht vorstellen können. Wo keine Vorstellung ist, ist auch keine Hoffnung. Als weiteres grundlegendes Problem führt Caparrós an, dass in manchen Religionen, etwa im Hinduismus, der Glaube an Wiedergeburt und Karma keine Verbesserung der Lebenssituation zulässt.
Die Kapitel über westliche Länder sind nicht weniger alarmierend. In den USA, dem reichsten Land der Erde, leben 45 Millionen Menschen unterhalb der Armutsgrenze. Zusätzlich sind Arme dort oft stark übergewichtig, da sie sich nur billiges Essen von schlechter Qualität kaufen können. Frisches Obst

oder Gemüse übersteigt ihr Budget um ein Vielfaches. Das Buch erzählt von vielen Einzelschicksalen und dem Hunger in all seinen Formen, aber es spricht auch Themen wie Nahrungsmittelspekulation, die Teller-Tank-Problematik und verschwenderische Lebensstile an. Schade ist, dass nach der langen Lektüre der über 800 Seiten kaum Lösungsvorschläge präsentiert werden. Damit ist „Der Hunger" leider nur ein weiteres Buch, das gut leserlich und sehr anschaulich den Hunger in der Welt thematisiert, daran aber auch nur wenig ändern dürfte. (lh)

Caparrós, Martín: Der Hunger – Wie zum Teufel können wir weiterleben, obwohl wir wissen, dass diese Dinge geschehen?
Suhrkamp, Berlin 2015, 844 S., 29,95 €,
ISBN 978-3-518-42512-1

Kurz notiert

Barth, Matthias (Hrsg.) et al.:
Routledge Handbook of Higher Education for Sustainable Development
Routledge, New York 2016, 456 S., 147,05 €, ISBN 978-0-41572-730-3

Filho, Walter/Úbelis, Arnolds/Berzina, Dina (Hrsg.):
Sustainable Development, Knowledge Society and Smart Future Manufacturing Technologies
Springer, Berlin 2015, 341 S., 138,40 €,
ISBN 978-3-31914-882-3

Kroll, Christian:
Sustainable Development Goals: Are the Rich Countries Ready?
Bertelsmann Stiftung, Gütersloh 2015, 106 S.,
www.bertelsmann-stiftung.de/de/publikationen/publikation/did/sustainable-development-goals-are-the-rich-countries-ready

Randers, Jorgen:
2052. Der neue Bericht an den Club of Rome: Eine globale Prognose für die nächsten 40 Jahre
oekom, München 2012, 432 S., 24,95 €,
ISBN 978-3-86581-398-5

Von Braun, Joachim:
Welternährung und Nachhaltigkeit
oekom, München 2015, 65 S., 12,95 €,
ISBN 978-3-86581-774-7

Weisman, Alan:
Countdown: Our Last, Best Hope for a Future on Earth?
Little, Brown and Company, New York 2013, 528 S., 27,27 €,
ISBN 978-0-31609-775-8

Wheeler, Stephen/Beatley, Tomothy (Hrsg.):
Sustainable Urban Development Reader
Taylor & Francis Ltd, New York 2014, 630 S., 50,74 €, ISBN 978-0-41570-776-3

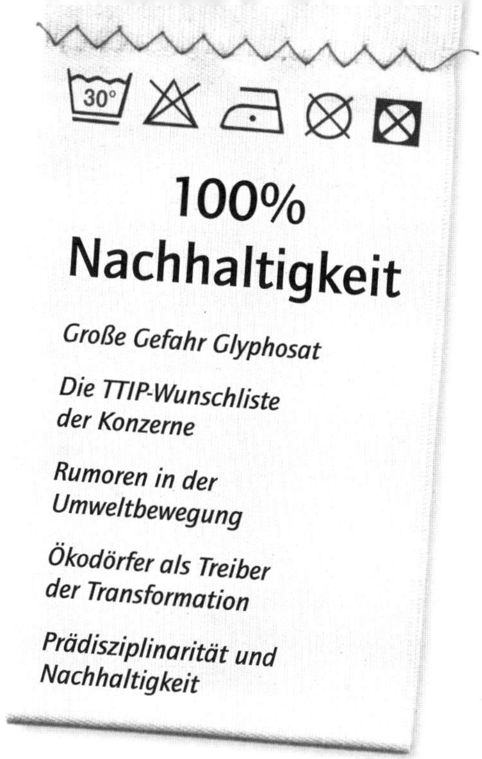

SPEKTRUM NACHHALTIGKEIT

Die gesellschaftliche Diskussion um die Zukunft ist vielschichtig. Im *Spektrum Nachhaltigkeit* veröffentlicht die *politische ökologie* deshalb – unabhängig vom jeweiligen Schwerpunktthema – Fachbeiträge, die sich mit verschiedenen Aspekten der Nachhaltigkeit auseinandersetzen. – Viel Vergnügen beim Blick über den Tellerrand!

Neuzulassung von Glyphosat in der EU

Allen Gefahren zum Trotz

Von Julia Sievers-Langer

Bei der in Kürze anstehenden Entscheidung, ob Glyphosat in der EU noch einmal für zehn Jahre zugelassen wird, steht für Monsanto & Co. viel Geld auf dem Spiel. Weltweit wird der Marktwert des meistverkauften Pestizids auf über fünf Milliarden US-Dollar geschätzt. Auch für die Gesundheit von mehreren Millionen Menschen steht viel auf dem Spiel - nicht nur in Europa. Der Ausgang des aktuellen Zulassungsverfahrens wird eine weltweite Signalwirkung haben - vor allem für Länder, die selbst kein funktionierendes System zur Risikobewertung von Pestiziden haben.

Besonders gravierend sind die Auswirkungen des Glyphosat-Einsatzes in Südamerika, wo beim Anbau gentechnisch veränderter Pflanzen besonders viel des Pestizidwirkstoffes eingesetzt wird. Wissenschaftliche Studien zeigen, dass sich die Anzahl der Geburten missgebildeter Kinder parallel zur Ausbreitung gentechnisch veränderter Sojapflanzen vervierfacht hat. Auch Fehlgeburten, Krebserkrankungen und andere Gesundheitsprobleme sind in ländlichen Gebieten in Südamerika dramatisch angestiegen. In Deutschland werden zwar geringere Mengen Glyphosat eingesetzt, aber auch hier ist es das meistverkaufte Pestizid, das auf etwa 40 Prozent der Ackerflächen, in privaten Gärten und öffentlichen Anlagen gespritzt wird.

Inzwischen können sich die Glyphosat-Hersteller in ziemlicher Sicherheit wiegen, dass sie kein Verbot in der EU zu befürchten haben. Denn die zuständigen Behörden, die im Auftrag der EU die Risikobewertung übernommen haben, unter anderem das Bundesinstitut für Risikobewertung (BfR), folgten Mitte November dem Urteil der Pestizidindustrie: Glyphosat sei nicht gefährlich für Menschen. Dabei stützt sich das BfR bei der humantoxischen Bewertung vor allem auf Studien, die von Glyphosat-Herstellern in Auftrag gegeben wurden.

Behörden nicht unvoreingenommen

Zwar weisen zahlreiche wissenschaftliche Studien darauf hin, dass Glyphosat krebserregend ist, Missbildungen und andere gravierende Gesundheitsschäden verursachen kann (1), doch dies hat die Behördenvertreter(innen) offenbar nicht beeindruckt. Das BfR hat einen Teil dieser Studien gar nicht berücksichtigt und andere für nicht oder nur eingeschränkt relevant beziehungsweise zuverlässig erklärt. Wie ist das möglich? Gehen die Behördenvertreter(innen) davon aus, dass diese Wissenschaftler(innen) sich komplett irren? Oder gehen sie möglicherweise nicht ganz unvoreingenommen an ihre Bewertung heran? Analysen des Bewertungsberichtes erwecken tatsächlich stark den Eindruck, dass die Behörden voreingenommen zugunsten von Glyphosat sind. Bei Studien, die toxische Wirkungen von Glyphosat aufzeigen, wurde offenbar ausgiebig nach methodischen Mängeln gesucht, während die Argumente und Einschätzungen von industriefinanzierten Studien vielfach unkritisch übernommen und dabei teilweise offensichtliche Mängel übersehen wurden.

Bei der Einstufung von publizierten wissenschaftlichen Studien als nicht relevant beziehungsweise nicht zuverlässig beruft sich das BfR durchgehend auf ein System zur Bewertung der Qualität wissenschaftlicher Studien, das von Mitarbeitern des Chemiekonzerns BASF aufgestellt wurde (sogenannte Klimisch-Kriterien). Dieses System bevorzugt automatisch Studien, die von Pestizidherstellern im Rahmen von Zulassungsverfahren durchgeführt oder in Auftrag gegeben werden, da sie ein bestimmtes Qualitätsmanagementsystem (Good Laboratory Practice, GLP) anwenden müssen. Während für Studien universitärer Institute andere Qualitätsmanagementsysteme angewendet werden, ist GLP für Universitäten in der Regel – unter anderem aufgrund der hohen Kosten und des hohen Zeitaufwands – nicht praktikabel. Das Vorgehen des BfR, wissenschaftliche Studien mit Verweis auf die Klimisch-Kriterien per se zu disqualifizieren, steht im Widerspruch zur EU-Pestizidgesetzgebung, die vorschreibt, dass die Ergebnisse wissenschaftlicher Studien in Zulassungsverfahren berücksichtigt werden müssen.

Auch am Umgang des BfR mit den von Glyphosat-Herstellern eingereichten Studien gibt es massive Kritik von Toxikolog(inn)en. Sie konnten zeigen, dass selbst in den Tierversuchen, die von der Pestizidindustrie in Auftrag gegeben wurden, Glyphosat toxische Effekte verursacht hat. In verschiedenen Laborstudien kam es bei Mäusen und Ratten, die Glyphosat ausgesetzt wurden, zu einem signifikanten, dosisabhängigen Anstieg von Tumoren. Doch das BfR folgte dem Vorgehen der Glyphosat-Hersteller – mit nicht angemessenen statistischen Methoden und einer fehlerhaften Interpretation der Daten wurden die toxischen Effekte von Glyphosat beiseite gewischt. (2)

Die kritischen Analysen der BfR-Bewertung deuten darauf hin, dass das Institut die Hinweise auf toxische Effekte durch Glyphosat vorsätzlich ignoriert hat und offenbar Interessenkonflikte im Spiel sind. Möglicherweise geht es dem BfR vor allem darum, das Gesicht zu wahren und nicht eine Fehleinschätzung zugeben zu müssen – denn das BfR hatte schon beim Zulassungsverfahren im Jahr 1998 erklärt, dass Glyphosat unbedenklich sei. Leider bleibt kritischen Beobachter(inne)n ein Blick hinter die Kulissen verwehrt, sodass man nur Vermutungen anstellen kann, inwiefern auch noch andere Eigeninteressen eine unabhängige Risikobewertung verhindert haben.

Gute Argumente für eine gerichtliche Klage

Mit der im November 2015 veröffentlichten Schlussfolgerung der EFSA zum Fall Glyphosat ist nun auch die kleine Hoffnung auf eine Wende im Zulassungsverfahren im Keim erstickt. Diese Hoffnung kam im März 2015 auf, nachdem die Internationale Krebsforschungsagentur (International Agency for Research on Cancer, IARC) bekanntgegeben hatte, dass Glyphosat als „wahrscheinlich krebserregend für den Menschen" klassifiziert wird. Nach dem Bewertungssystem der IARC bedeutet dies, dass es schon sehr viele überzeugende Nachweise einer krebserregenden Wirkung gibt. 17 hochkarätige internationale Wissenschaftler(innen) hatten mehr als ein Jahr die vorhandenen wissenschaftlichen Studien überprüft und die ausführlichen Ergebnisse dann Ende Juli 2015 veröffentlicht. (3) Sie kamen zu dem Schluss, dass es sowohl ausreichende Hinweise aus Studien mit Versuchstieren als auch begrenzte Hinweise aus epidemiologischen Studien für die krebserregende Wirkung von Glyphosat gibt. Zudem existierten starke Hinweise darauf, dass Glyphosat toxisch auf menschliche und tierische Gene wirkt und sogenannten oxidativen Stress auslöst - das sind Mechanismen, die einer krebserzeugenden Wirkung zugrunde liegen.

Selbst die Autorität der IARC im Bereich der Krebsforschung hat weder das BfR noch die EFSA zu einem Umdenken bewegt. Die beiden Behörden verstoßen mit ihrer Zulassungsempfehlung nicht nur gegen das Vorsorgeprinzip, sondern eindeutig auch gegen Vorgaben von EU und OECD im Hinblick auf die Risikobewertung von Pestiziden. (4) Es gibt gute Gründe für NGOs und Wissenschaftler(innen), an dieser Stelle nicht aufzugeben - auch der Weg einer gerichtlichen Klage ist nun angesichts der sehr guten Argumentationslage zu prüfen.

Unabhängig vom Ausgang des aktuellen Zulassungsverfahrens sollten Lehren aus dem Fall Glyphosat gezogen werden. Wir brauchen tief greifende Reformen bei der behördlichen Risikobewertung von Pestiziden. Unter anderem muss zukünftig verhindert werden, dass Pestizidhersteller in behördliche Verfahren zur toxikologischen Bewertung ihrer Produkte involviert sind. Das Vertrauen der Bevölkerung in die behördliche Risikobewertung bleibt beschädigt, solange sie sich weiterhin vor allem auf Studien stützt, die von Pestizidherstellern selbst durchgeführt oder in Auftrag gegeben wurden. Es sollte in Zukunft auch untersagt sein, dass zweimal dieselbe Behörde eine Risikobewertung zum selben Pestizidwirkstoff vornimmt und dass die antragstellenden Unternehmen sich wie bisher aussuchen dürfen, welches Land die Bewertung durchführt. Denn ein derartiges System ist sehr anfällig für Interessenkonflikte, die die Unabhängigkeit der Risikobewertung gefährden.

Kein Schutz vor Kombinationswirkung

Und letztlich zeigt das Beispiel Glyphosat auch, dass das ganze System des chemischen Pflanzenschutzes infrage gestellt werden muss; denn das System der Risikobewertung, Zulassung und Kontrolle von Pestiziden ist mit extrem hohen Kosten - auch für die Steuerzahler(innen) - verbunden, offenbar ohne dass sich ein angemessener Schutz vor toxischen Chemikalien gewährleisten lässt. Das verdeutlichen zum Beispiel die Erfahrungen mit dem Pestizidbeistoff POE-Tallowamin. Nachdem dieses Tensid jahrelang Glyphosatprodukten beigemengt wurde, um deren Wirksamkeit zu erhöhen, ergaben Studien, dass derartige Produkte um ein Vielfaches toxischer sind als Glyphosat allein. (5) Doch in Zulassungsverfahren für Pestizide werden nach wie vor nur die eigentlichen Wirkstoffe in Langzeitstudien geprüft, nicht aber die Beistoffe, von denen es viele weitere gibt. Ironischerweise stufen die Behörden Studien, die nicht nur mit dem Wirkstoff Glyphosat, sondern mit fertigen Pestizidprodukten durchgeführt wurden, als nicht relevant für das Zulassungsverfahren ein – denn die Wirkung könnte ja von einem Beistoff statt von Glyphosat ausgegangen sein.

Wir leisten uns also ein Pestizidzulassungssystem, das Pestizidwirkstoffe isoliert untersucht, die in der Realität aber nie isoliert eingesetzt werden. Vor den Kombinationswirkungen von Pestiziden mit Beistoffen und anderen Pestiziden werden wir damit nicht geschützt. Diese Kombinationswirkungen in Zulassungsverfahren angemessen zu prüfen, ist eine berechtigte Forderung. Auch verstärkte Kontrollen der Anwendung und der Rückstände in Lebensmitteln sind notwendig. Dies würde das ganze System allerdings noch teurer und aufwendiger machen. Hinzu kommen Kosten in Milliardenhöhe aufgrund der durch Pestizide verursachten Umwelt- und Gesundheitsschäden. Die realen Kosten einer Landwirtschaft, die auf chemischen Pflanzenschutz setzt, sind also wesentlich höher, als die Preise konventionell hergestellter Lebensmittel suggerieren. Spiegelten sich diese realen Kosten mittels Abgaben und Steuern in den Lebensmittelpreisen wider, würden sicher deutlich mehr Verbraucher(innen) Biolebensmittel einkaufen. Einzig zu ziehendes Fazit: Die Agrarpolitik muss dringend wirksame Anreize setzen für einen verstärkten Umstieg auf eine Landwirtschaft, die keine chemischen Pestizide einsetzt – zum Schutz von Menschen, Tieren und Umwelt.

Anmerkungen

(1) Kritische Analyse der Glyphosatproblematik und des Pestizidzulassungs- und Kontrollsystems mit Literaturverweisen vgl.: Agrar-Koordination/PAN Germany (2014): Roundup & Co – Unterschätzte Gefahren. Hamburg.

(2) Clausing, Peter (2015): The Glyphosate Renewal Assessment Report. An Analysis of Gaps and Deficiencies.

(3) International Agency for Research on Cancer (2015): Glyphosate Monograph, Volume 112: http://monographs.iarc.fr/ENG/Monographs/vol112/index.php

(4) Clausing, Peter (2015): The 31 August 2015 Addendum to the Renewal Assessment Report on Glyphosate – A Critical Analysis. Hamburg.

(5) Mesnage, Robin/Bernay, Bernoit/Séralini, Gilles-Eric (2013): Ethoxylated Adjuvants of Glyphosate-based Herbicides are Active Principles of Human Cell Toxicity.

Zur Autorin

Julia Sievers-Langer, geb. 1979, ist Politologin und arbeitet seit 2007 im Bereich der Agrar- und Ernährungspolitik. Zurzeit leitet sie eine Kampagne der Agrar-Koordination zur Aufklärung über die Gefahren von Glyphosat und anderen Pestiziden.

Kontakt

Julia Sievers-Langer
E-Mail julia.sievers@agrarkoordination.de

Teil 8 zum Transatlantischen Freihandels-abkommen (TTIP)

Agrogentechnik in den TTIP-Verhandlungen

Im Wunschkonzert der Konzerne

Von Martha Mertens

Das zwischen Europa und den USA geplante Transatlantische Freihandelsabkommen (Transatlantic Trade and Investment Partnership, TTIP) brachte am 10. Oktober 2015 eine Viertelmillion Menschen auf die Beine. (1) In Berlin protestierten sie gegen ein Vorhaben, das sie mit Demokratieabbau, einem Konzerne begünstigenden Investitionsschutz und der Preisgabe von hart erkämpften Umwelt-, Verbraucherschutz- und Sozialstandards verbinden.

In der Tat ist eines der wichtigsten Ziele von TTIP die Überwindung sogenannter nicht-tarifärer Handelshemmnisse. Im Klartext: Technische Standards und Regulierungen sollen angeglichen oder wechselseitig anerkannt werden. Diese unterscheiden sich in Bereichen wie Umwelt- und Verbraucherschutz nicht unerheblich auf beiden Seiten des Atlantiks. Die Umweltgesetzgebung der EU beruht auf dem Vorsorgeprinzip, das gebietet, frühzeitig und vorausschauend zu handeln, um Belastungen zu vermeiden und Schäden gar nicht erst entstehen zu lassen. In den USA gilt ein Produkt oder Verfahren hingegen so lange als sicher, bis seine Schädlichkeit wissenschaftlich erwiesen ist; die Beweislast liegt bei den Behörden. Dieser Ansatz wird als „science based" bezeichnet. Allerdings findet nicht selten das Prinzip „Don't look, don't find" Anwendung, das heißt, Untersuchungen zur Gefährlichkeit eines Produkts oder Verfahrens werden nicht oder nur begrenzt durchgeführt, sodass die Feststellung „ungefährlich" auch auf dem Mangel an aussagefähigen Daten beruhen kann.

Diese unterschiedliche Herangehensweise wirkt sich insbesondere im Bereich der Agrogentechnik aus. So geht die EU-Gesetzgebung im Falle gentechnisch veränderter Organismen (GVO) davon aus, dass es sich um Organismen mit neuen Risiken handelt, die vor der Anwendung zu untersuchen sind. Zudem wird über die Kennzeichnung ein Mindestmaß an Transparenz über den GVO-Einsatz geschaffen. Der US-Ansatz besagt hingegen, GVO seien nicht-veränderten Organismen gleichartig (substanziell äquivalent): Sie bergen daher kein höheres Risiko und bedürfen auch keiner Kennzeichnung.

Nachhaltigkeit – der Begriff hat in vielen Medien keine Konjunktur. Diese Zurückhaltung hat ihren Preis: Man bleibt häufig an der Problemoberfläche. Nachhaltigkeit ist beim größten deutschen Umweltverband, der zwei große Studien über ein zukunftsfähiges Deutschland initiiert hat, und der *politischen ökologie* seit vielen Jahren gut aufgehoben. Deshalb suchen sie die Zusammenarbeit: In jeder Ausgabe gibt es an dieser Stelle einen Beitrag von einem BUND-Autor oder einer BUND-Autorin.

Bund für Umwelt und Naturschutz Deutschland
BUND
FRIENDS OF THE EARTH GERMANY

Über TTIP soll nun eine Angleichung dieser unterschiedlichen Gentechnik-Regelungen erreicht werden – mit der US-Vorgehensweise als Modell, so der Wunsch der Industrie. In der EU besteht derzeit nur für einen GVO eine Anbauzulassung, und zwar für die insektenresistente Maislinie MON 810 der Firma Monsanto, deren Anbau sich auf Spanien (auf etwa 130.000 Hektar, das entspricht 0,1 Prozent der EU-Ackerfläche) konzentriert. Während also der Anbau begrenzt ist, ist jedoch der Import von GVO zulässig: 60 GVO dürfen als Futter- und Lebensmittel importiert werden, zehn neue Zulassungen wurden erst im April 2015 erteilt. Auch liegen weitere Anträge auf Anbauzulassung insekten- und/oder herbizidresistenter GV-Maislinien vor. Bevor GVO in der EU auf den Markt kommen, müssen sie ein Zulassungsverfahren durchlaufen. Dabei werden Umweltauswirkungen und gesundheitliche Effekte beurteilt, das Vorsorgeprinzip ist zu beachten. Auch wenn das GVO-Zulassungsverfahren der EU weltweit als eines der umfassendsten gilt, weist es eine Reihe von Mängeln auf. Zum einen legen die Hersteller nur die Studien vor, die die Sicherheit ihrer Produkte beweisen sollen. Zum anderen werden Umweltrisiken nicht umfassend geprüft und sozioökonomische Effekte – etwa Kosten für die Trennung von GVO- und Nicht-GVO-Warenströmen – gar nicht. Über die seit 2013 verpflichtenden 90-Tage-Fütterungstests lässt sich lediglich eine akute Toxizität von GVO-Produkten ausschließen. Neue Erkenntnisse über Gesundheits- und Umweltgefahren nach der Marktzulassung erlauben es den Mitgliedstaaten, GVO zu verbieten. So haben neun EU-Länder den Anbau des 1998 zugelassenen MON 810 Mais untersagt. Seit 2015 bestehen für Mitgliedstaaten zudem erweiterte Möglichkeiten, den GVO-Anbau zu verbieten. 19 von 28 Mitgliedstaaten, darunter Deutschland, haben gefordert, ihre Territorien oder Teile davon vom Anbau der aktuell im Zulassungsverfahren befindlichen GVO auszunehmen. Nachdem die Gentech-Unternehmen dies akzeptierten, dürfte auch in den kommenden Jahren der GVO-Anbau in der EU begrenzt bleiben.

Seit 2004 müssen Lebens- und Futtermittel mit GVO-Anteilen über 0,9 Prozent auf der Zutatenliste als „genetisch verändert" ausgewiesen werden. Unterhalb von 0,9 Prozent sind Produkte nur dann nicht kennzeichnungspflichtig, wenn die Hersteller nachweisen, dass die GVO-Verunreinigung „zufällig" und „technisch unvermeidbar" war. Nicht kennzeichnungspflichtig sind Produkte wie Milch, Fleisch und Eier von Tieren, an die Gentech-Pflanzen verfüttert wurden. Um diese Kennzeichnungslücke zu schließen, gibt es in einigen EU-Staaten wie Deutschland und Österreich ein „Ohne Gentechnik"-Kennzeichen für Produkte von Tieren, die mit GVO-freiem Futter gefüttert wurden.

GVO in den USA: beinahe Normalfall

Die USA haben mit etwa 70 Millionen Hektar GVO-Anbaufläche (das entspricht 44 Prozent der US-Ackerfläche) den weltweit größten Anteil am GVO-Anbau. Die über 100 zugelassenen GVO sind zumeist herbizid- und insektenresistent – häufig in Kombination. Zu Soja, Mais, Baumwolle und Raps gesellen sich andere Nutzpflanzenarten und weitere gentechnisch erzeugte Eigenschaften ergänzen das derzeitige Repertoire. In den USA existiert kein einheitliches Gentechnikrecht, die Zuständigkeit für Freisetzung und Inverkehrbringen von GVO ist auf verschiedene Behörden verteilt, unter anderem abhängig von den neuen Eigenschaften. Die Behörden vertrauen im Wesentlichen auf die Angaben und Daten des Herstellers, der seinem Produkt attestiert, dass davon keine Gesundheits- oder Umweltgefahren ausgehen, und verleihen den „Non-regulated Status". Ein so eingestufter GVO darf ohne weitere Auflagen vermarktet werden. Es sind weder Sicherheitsabstände zwischen Feldern mit und ohne GVO einzuhalten, noch gibt es eine Beobachtung (Monitoring) von GVO nach der Markteinführung, wie sie in der EU (zumindest theoretisch) vorgesehen ist. Obwohl vielfach gefordert gibt es keine Gentechnik-Kennzeichnung für Saatgut, Lebens- und Futtermittel. Die in diversen Bundesstaaten hierzu angestoßenen Initiativen waren bislang nur sehr begrenzt erfolgreich, nicht zuletzt weil die Gentech-Industrie Millionen Dollar in Gegenkampagnen investiert hat. Die dadurch ausgelöste Diskussion hat jedoch dazu geführt, dass mit „non-GMO" gekennzeichnete Lebensmittel in den USA laufend größere Bedeutung erhalten.

Die Positionspapiere der Agrarkonzerne diesseits und jenseits des Atlantiks lassen keinerlei Zweifel daran, dass sie TTIP nutzen wollen, um die ungeliebte Gentechnik-Gesetzgebung der EU in ihrem Sinne zu ändern. Auf der Wunschliste stehen vor allem:

- beschleunigte EU-Zulassungsverfahren für GVO,
- ein Ende der Verpflichtung zur Saatgutreinheit, nach der gentechnisch verunreinigtes Saatgut nicht verkehrsfähig ist,
- keine besondere Regulierung gentechnisch veränderter Pflanzen mit einer Vielzahl von Eigenschaften („Stacked Events"),
- Abschaffung der Nulltoleranz für nicht zugelassene GVO in Lebensmitteln (Stichwort: „Low Level Presence") sowie die
- Abschaffung respektive Änderung der EU-Kennzeichnungsregeln.

Die US-Regierung unterstützt die Forderungen der Biotech-Industrie und spricht von einer massiven Handelsbarriere für US-Gentech-Produkte und -Saatgut durch EU-Regelungen; so würden GVO-Kennzeichnungsregeln fälschlicherweise signalisieren, diese Produkte seien unsicher. Kritisiert werden zudem die in verschiedenen Mitgliedstaaten ausgesprochenen Anbauverbote von GVO sowie Maßnahmen zur Sicherung der Koexistenz zwischen dem Anbau von GVO und Nicht-GVO. Diese sollten abgeschafft und die Grenzwerte für gentechnische Verunreinigungen erhöht werden.

Doppeltes Spiel der EU-Kommission

Der EU-Kommission ist bekannt, dass es der Agrogentechnik in den europäischen Ländern an Akzeptanz fehlt und dass sie kein Gewinnerthema ist. Deshalb sagt sie, sie werde unter TTIP grundlegende Gesetze wie die zur Gentechnik nicht verhandeln, die GVO-Sicherheitsbewertung durch die EFSA (European Food Safety Authority) beibehalten, ebenso das Risikomanagement-Verfahren. Ziel sei es aber, den Handel durch die jeweiligen Systeme zur Zulassung von GVO so wenig wie möglich zu beeinträchtigen.

Zu befürchten ist ein Doppelspiel der EU-Kommission: Es geht tatsächlich nicht in erster Linie um eine Änderung der EU-Gesetze, sondern um die Angleichung und Anerkennung von Standards nach dem Motto: Was in den USA zugelassen ist, ist auch in der EU zugelassen. Zudem ist es möglich, über Durchführungsbestimmungen unterhalb der gesetzlichen Ebene Fakten zu schaffen, etwa Grenzwerte für nicht zugelassene GVO einzuführen. So geschehen 2011 für Futtermittel, als die Kommission über eine sogenannte technische Lösung eine Kontamination bis zu 0,1 Prozent erlaubte. Für Lebensmittel fordert die Industrie seit Langem eine vergleichbare Regelung. Deshalb ist es wohl kein Zufall, dass die Kommission die EFSA bereits 2014 um Prüfung bat, welche Sicherheitsanforderungen an noch nicht zugelassene GVO entfallen könnten, wenn sie bis zu 0,9 Prozent in Lebens- und Futtermitteln vorkämen. Das insbesondere von US-Seite vielfach beklagte „Low Level Presence"-Problem, das schon wiederholt zu teuren Rückrufen geführt hat, könnte man so auf vermeintlich elegante Art lösen.

Nicht nur die geleakten Dokumente der EU-Kommission zeigen, wie wenig verlässlich deren Beteuerungen sind, rote Linien einzuhalten. Auch das mit Kanada bereits verhandelte, aber noch nicht unterzeichnete Freihandelsabkommen CETA illustriert, wohin die Reise bei TTIP gehen soll. CETA gilt als Blaupause für TTIP; aus Zugeständnissen an Kanada werden auch Zugeständnisse an die USA. So wird das gemeinsame Ziel betont, die GVO-Zulassung „science based" zu gestalten – damit wird das Vorsorgeprinzip, Grundlage der EU-Regelungen, zur Disposition gestellt. Zur Disposition steht offenbar auch die Nulltoleranz für nicht zugelassene GVO. Eine wichtige Rolle spielt die „regulatorische Kooperation", über die negative Handelseffekte von Gesetzen minimiert werden sollen. Dies bedeutet, dass geplante EU-Gesetze künftig erst mit dem Vertragspartner (sowie Wirtschaftsakteuren) auf „Handelsverträglichkeit" abgeklopft werden – bevor das EU-Parlament oder nationale Parlamente sie zu Gesicht bekommen. Und klar ist auch: Verbesserungen im EU-Gentechnikrecht wie die lange überfällige Gentech-Kennzeichnung tierischer Produkte hätten kaum eine Chance, da vermutlich Kanada (respektive die USA) dagegen vorgehen würde(n). Unliebsame Gesetze könnten so bereits im Vorfeld „unschädlich" gemacht werden, der Einfluss der Gentech-Industrie auf Landwirtschaft und Lebensmittelproduktion würde gleichsam institutionalisiert. Und mit dem angepeilten Investitionsschutz ließen sich im Zweifelsfall immer noch Milliardenklagen gegen die EU oder Mitgliedstaaten anstrengen.

Um Demokratie und Rechtsstaat zu schützen und bestehende Verbraucher- und Umweltschutzstandards zu wahren und sie auch weiter entwickeln zu können, darf CETA nicht unterzeichnet werden – und TTIP darf nicht folgen.

Anmerkung

(1) Eine ausführliche Liste der Quellen hält die Autorin auf Anfrage bereit.

Zur Autorin

Martha Mertens, geb. 1947, ist Diplombiologin und Sprecherin des AK Gentechnik des BUND.

Kontakt

Dr. Martha Mertens

Email martha.mertens@t-online.de

Rohstoffe effizienter nutzen

Die Übernutzung der natürlichen Ressourcen und der Rückgang der biologischen Vielfalt sind eng mit unserem Wirtschaften verknüpft. Wir müssen daher den Umgang mit Ressourcen noch effizienter gestalten und den Schutz der Biodiversität einbeziehen. Die hier vorgeschlagene interdisziplinäre Perspektive untersucht die Bedeutung der Bioökonomie für die Entwicklung unserer Landschaft ebenso, wie die Gewinnung mineralischer Rohstoffe sowie Methoden einer ökologischen Bewertung und Bilanzierung.

R. Keil, K. Robinet, A. Todt (Hrsg.)
Ressourcen schonen – biologische Vielfalt erhalten
Chancen und Risiken von Rohstoffsubstitutionen für die biologische Vielfalt
170 Seiten, broschiert, 19,95 Euro, ISBN 978-3-86581-763-1
Erhältlich bei www.oekom.de, oekom@verlegerdienst.de

Die guten Seiten der Zukunft oekom

politische ökologie

Die Zeitschrift für Querdenker und Vordenkerinnen

Liebe Leser(innen), liebe Abonnent(inn)en,

wir danken Ihnen für Ihre Treue und Ihr Interesse an unserer Zeitschrift – und wir freuen uns darauf, Ihnen auch 2016 wieder spannendes Quer- und Vordenkertum aus der Nachhaltigkeitsdiskussion zu präsentieren!

Eine schöne Adventszeit und frohe Weihnachten wünschen

die Redaktion der politischen ökologie und der oekom verlag

oekom verlag

Klimaschützer und Erneuerbare-Verfechter vs. Landschafts- und Artenschützer

Es rumort in der Umweltbewegung

Von Georg Etscheit

Die deutsche Umweltbewegung strotzt vor Kraft. In vielen Bundesländern sitzen Vertreter(innen) der Grünen an Schaltstellen der Macht, einer Partei, die sich noch immer, ohne rot zu werden, Ökopartei nennt. Umweltorganisationen wie der Bund für Umwelt und Naturschutz Deutschland (BUND) und der Naturschutzbund (NABU) sind zu mächtigen ökologischen Pressuregroups herangewachsen. Stimmen wie die von BUND-Chef Hubert Weiger haben Gewicht in der Politik. Und in den Medien sind Ökothemen regelmäßig präsent.

Doch an der Basis rumort es. Grund ist die Energiewende. Das Jahrhundertwerk zur Rettung der Welt, Vorzeigeprojekt deutscher Klimaschutzbemühungen, entwickelt sich zum ökologischen und landschaftsästhetischen Desaster und rührt an die Grundfesten des Natur- und Landschaftsschutzes. Die Umweltverbände stehen vor einer Zerreißprobe. Seit der Atomkatastrophe von Fukushima wird es ernst mit dem Umstieg auf die Erneuerbaren. Überall im Land ragen Windräder in die Höhe, werden neue gebaut, bedecken Solarfelder frühere Wiesen und Äcker, wölben sich die grünen Kuppeln der Biomassereaktoren, dehnen sich statt grüner Weiden endlose Mais- und Rapsfelder. Bald werden sich viele Kilometer neuer Hochspannungstrassen durch die Republik ziehen. Die Folgen sind dramatisch. Das Land verliert sein Gesicht. Und den Leitungen und Rotoren fallen scharenweise seltene Vögel und Fledermäuse zum Opfer; die Maisfelder zur Versorgung der Biogasanlagen bieten vielen Tierarten keinen Lebensraum mehr. „Von der Energiewende zum Biodiversitätsdesaster" betitelte der Landschaftsplaner und Ornithologe Martin Flade, heute Leiter des Biosphärenreservats Schorfheide-Chorin, seine 2013 erschienene Studie zu den Folgen des „unkontrollierten Ausbaus grüner Energien".

Monotone Energielandschaften

Ganze Landstriche im Hunsrück, im Vogelsberg, in Rheinhessen, in Mainfranken, in der nord- und ostdeutschen Tiefebene wirken schon heute völlig entstellt. Und das, obwohl nicht-erneuerbare Energieträger wie Kohle, Öl, Gas und Atom im Jahre 2014 immer noch fast 90 Prozent des gesamten deutschen Energiebedarfs deckten; der Anteil der Windkraft am Primärenergieverbrauch betrug minimale 1,5 Prozent bei maximalem Landschaftsverbrauch. (1) Alte Kulturlandschaften oder das, was zu Beginn des 21. Jahrhunderts von ihnen übrig geblieben war, verwandeln sich in Windeseile in monotone, industriell überformte „Energielandschaften". Jeder Hektar freier Landschaft wird Zwecken der Energiegewinnung, -speicherung und -verteilung unterworfen. In den Wäldern wird als Folge des Biomassebooms geholzt wie nie. Und die Biogaserzeugung hat in der Landwirtschaft zu einem massiven Industrialisierungs- und Intensivierungsschub geführt und bedroht zugunsten besserer Renditen und explodierender Bodenpreise und Pachten vor allem die Biolandwirtschaft. Den Flüssen kann man nicht mehr allzu viel anhaben – die meisten sind ja schon gestaut und begradigt und liefern durchaus überschaubare Mengen „grünen" Stroms.

Ausgerechnet zum 40-jährigen Bestehen des BUND als nationaler Organisation hat der Ökoverband nun Konkurrenz bekommen. In Bayern wurde eine neue Naturschutzvereinigung vom dortigen Landesamt für Umwelt offiziell anerkannt: der „Verein für Landschaftspflege & Artenschutz in Bayern" (VLAB). Die junge Organisation mit dem Feuersalamander als Logo will zurück zu den Ursprüngen des Naturschutzes.

Galionsfiguren des VLAB sind zwei Persönlichkeiten, die einst den BUND mitgegründet hatten: der Dirigent und Umweltschützer Enoch zu Guttenberg sowie der langjährige Chef des Bundes Naturschutz in Bayern (BN) und spätere Präsident des Deutschen Naturschutzringes (DNR), Hubert Weinzierl. Der bayerische Umweltpionier war 2002 nach internen Querelen als BN-Chef zurückgetreten. Dem schöngeistigen Weinzierl folgte der robuste Hubert Weiger, der BN und BUND noch stärker in der aktuellen politischen Debatte verankerte und auf Kampagnenfähigkeit trimmte. Weiger will sein bayerisches Amt im kommenden Jahr an seinen designierten Nachfolger Richard Mergner, bisher zweiter Mann im BN, abgeben. Manche vermuten nun, Weinzierl habe späte Rache an seinem Nachfolger geübt. Auf der Website des VLAB begründete er sein Engagement beim VLAB mit einer Gewissensentscheidung: „Ich bin ein leidenschaftlicher Vertreter der Energiewende, aber nicht um jeden Preis". Und weiter: „Es darf nicht sein, dass wir Herzstücke unserer Heimat preisgeben, die wir zuvor jahrzehntelang verteidigt haben." Für sein im Internet veröffentlichtes Statement erntete der fast 80-Jährige heftige Kritik von vielen seiner alten Gefährten.

Die Vereinsgründung, deren Wirkung nicht auf Bayern beschränkt bleiben muss, ist das bislang deutlichste Symptom einer sich anbahnenden Krise der deutschen Umweltbewegung. Es ist ein Kampf zwischen eher städtisch sozialisierten, global denkenden Klimaschützer(inne)n und den regional verwurzelten, mehr traditionell orientierten Arten- und Landschaftsschützer(inne)n, zwischen Technokrat(inn)en und Ästhet(inn)en, zwischen viel beschäftigten Öko-Funktionär(inn)en, die kaum mehr an die frische Luft kommen, und Menschen, für die die Schönheit von Natur und Landschaft noch ein Lebenselixier ist. Er wird mit immer härteren Bandagen ausgefochten.

Landschafts- und Artenschutz geraten unter die Räder

Der Streit um die Deutungshoheit über das, was Umwelt- und Naturschutz in Zeiten von Globalisierung, Migrationsdruck und Klimawandel leisten soll, leisten kann und leisten muss, spaltet die Ökoverbände. In Rheinland-Pfalz trat bereits ein BUND-Vorsitzender zurück und etablierte im Westerwald eine Art Widerstandszentrum gegen das weitere Vordringen der Windindustrie in noch ursprüngliche Regionen. Seither beharken sich die Lager in Leserbriefen, sozialen Netzwerken und über die Medien. Auch in

Sachsen gab es innerhalb des BUND Streit zwischen Traditionalist(inn)en und Modernisierern, der zu einer veritablen Schlammschlacht geriet.
Erstmals in einer neuen Vereinigung materialisiert hat sich dieser Konflikt nun in jenem Bundesland, in dem der Natur- und Heimatschutzgedanke eine besonders lange Tradition hat und tief in der Bevölkerung verwurzelt ist: in Bayern. Der VLAB ging aus der Bürgerinitiative „Unser Hessenreuther Wald" hervor, die 2009 gegen eine in der Oberpfalz geplante Autoteststrecke mobil gemacht hatte. Nachdem der Kampf gewonnen war, suchten sich die Aktivist(inn)en um das frühere BN-Mitglied Johannes Bradtka ein neues Betätigungsfeld. Im Hintergrund agierte Guttenberg, der 2012 aus dem BN ausgetreten war und seither gegen den von ihm in emotionalen Reden beklagten Windwahn im Land zu Felde zieht.
Der VLAB hat nach eigenen Angaben knapp 9.000 Mitglieder - noch wenige im Vergleich zum BN, der es aktuell auf 210.000 Mitglieder bringt. Ein Schwerpunkt der Vereinsarbeit soll auf den „Gefahren der Energiewende für Landschaft und Biodiversität" liegen. Insbesondere dem Wert von Landschaften müsse wieder eine stärkere politische und gesellschaftliche Bedeutung zukommen, sagt Bradtka, im Hauptberuf Förster bei der Bayerischen Forstverwaltung.
Damit versucht der Verein, ein weitgehend brach liegendes Terrain gewissermaßen zu rekultivieren. Der Landschaftsschutz, die Bewahrung „schöner", romantischer Landstriche, ist zum Stiefkind der Umweltbewegung geworden. In Zeiten globaler Bedrohungen der menschlichen Zivilisation seien angeblich subjektive, ästhetische Aspekte zu vernachlässigen, heißt es von Seiten der Klimaschützer(innen). Außerdem wird Landschaftsschützer(inne)n ein falsches Bewusstsein unterstellt. Alles sei nur eine Frage der Gewöhnung. Hätten sich Kulturlandschaften nicht schon immer verändert? Als letztes Argument wird behauptet, man könne die Rotoren ja problemlos jederzeit wieder abbauen. Die dürftige Argumentation verschleiert das wahre Ausmaß der Eingriffe, die für die deutschen Landschaften ähnlich gravierend sind wie der Untergang der historischen Bausubstanz vieler Städte im Zweiten Weltkrieg.

Was bedeutet „gesamtökologisches Maß"?

Auch der klassische Artenschutz droht buchstäblich unter die Räder zu kommen und zum mehr oder weniger lästigen Anhängsel des Klimaschutzes zu werden. Der Vorstand der deutschen Sektion von Eurosolar, ein von dem verstorbenen „Solarpapst" Hermann Scheer gegründeter und sich selbst als Umweltorganisation verstehender Förderverein für „grüne" Energie, verstieg sich zu der Behauptung, Klimaschutz sei nichts weniger als die Voraussetzung für Naturschutz. Deswegen sollten unter anderem Zulassungshemmnisse für kleine Wasserkraftwerke beseitigt werden. Die Anforderungen an Fischtreppen und Mindestwassermengen seien auf ein „gesamtökologisches Maß" zu reduzieren. Das hätte auch ein ganz normaler Wirtschaftslobbyist nicht besser formulieren können. Der Aufschrei bei den Umweltschützer(inne)n blieb aus.
BN und BUND befinden sich in einer ungemütlichen Sandwichposition. Während enttäuschte Mitglieder rebellieren, trat just zum

40. Gründungstag des BUND der Grünen-Politiker Hans-Josef Fell aus dem Verband aus, einer der Konstrukteure des Erneuerbare-Energien-Gesetzes. Nach seiner Meinung legten BN und BUND nicht zu wenig, sondern zu viel Wert auf den Naturschutz und behinderten die Energiewende. Nicht nur in Sachen Windkraft, auch beim Ausbau von Biogasanlagen, Solarfeldern und Wasserkraftwerken stehe der BN häufig auf der Bremse. In einem Antwortschreiben an Fell versuchte Weiger, die Wogen zu glätten. Der BUND sehe sich als „Treiber der Energiewende und als Naturschutzverband". Weigers Losung lautet: Windkraft ja, aber nach Plan und mit „ökologischen Leitplanken".

Wie diese Leitplanken aussehen, kann man dank Horst Seehofers Windkraftblockade zwar noch nicht in Bayern, aber beispielsweise in Rheinland-Pfalz studieren. Mit ihrer Forderung, den Ausbau der Windkraft großräumig zu steuern und Wildwuchs zu verhindern, sind die Umweltverbände nicht nur im Land zwischen Mosel, Rhein und Saar grandios gescheitert. Überall, wo die Grünen mitregieren, werden überregionale Planungsansätze vernachlässigt und ein landschaftsfressender Wettbewerb um neue Windparks zwischen den einzelnen Kommunen angeheizt. Folge ist ein massiver Zersiedelungsschub bislang von industrieller Überformung weitgehend verschont gebliebener, noch überwiegend agrarisch geprägter Landstriche. Die landschaftlich so reizvollen wie artenreichen Mittelgebirge werden zum Hotspot der alternativen Stromindustrie. Allzu oft mit dem Segen der Ökoverbände, die eigentlich großräumige Tabuzonen für die Windindustrie einfordern müssten. Stattdessen sind den Umweltverbänden selbst Landschaftsschutzgebiete nicht mehr heilig. Refugien zuweilen noch vorindustriell anmutender Schönheit, die sie einst mit Zähnen und Klauen verteidigt haben.

Die Windkraftgegner(innen) um Guttenberg nehmen Weiger die vom ihm und seinen Mitstreiter(inne)n propagierte „differenzierte" Position einer „Windkraft nach Plan" nicht ab. Sie sehen den BUND von Windindustrie und Grünen unterwandert, längst unfähig, unabhängige Naturschutzinteressen robust wahrzunehmen. Eine solche „Unterwanderung" ist kein Hirngespinst von Verschwörungstheoretiker(inne)n. Sie ist, wenn man so will, historisch gewachsen. Schließlich gehörten die Umweltverbände zu den frühesten Verfechtern der Erneuerbaren. Der BUND war Mitgründer des Bundesverbandes Windenergie, heute eine mächtige Lobbyorganisation der Windindustrie. Die Kollateralschäden der Energiewende, die gern als umweltpolitischer Zielkonflikt verniedlicht werden, sind oft ein banaler Interessenkonflikt. Wer selbst an Windkraftwerken verdient oder mit den angeblich so sanften Energien auf Stimmenfang geht, wird Belastungen und Widersprüche klein reden.

VLAB: Sammelbecken der Unzufriedenen

Den großen Umweltverbänden geht es im Prinzip wie erfolgreichen, in die Jahre gekommenen Volksparteien. Sie haben ihre gesellschaftlichen Netzwerke und ihre Mitgliederbasis stark erweitert und müssen, um ihre eigene Existenz und die aufgeblähten Verwaltungsapparate nicht zu gefährden, immer häufiger Kompromisse eingehen. Allzu radikale Forderungen, etwa der Kampf gegen nicht-nachhaltige Konsummuster und

Lebensstile, gegen die Treiber unseres enormen Energieverbrauchs, können störend sein angesichts einer Basis, die sich zunehmend aus Menschen rekrutiert, die Natur nur noch von der Fernreise nach Neuseeland kennen und mit dem Mitgliedausweis einer Umweltorganisation ihr Öko-Gewissen zu besänftigen trachten. Bezeichnend ist eine Äußerung des designierten BN-Chefs Mergner, der zwar noch von der Notwendigkeit des Energiesparens spricht, aber zugleich eine „bedarfsgerechte" Versorgung der Bevölkerung und Industrie mit – natürlich ökologisch korrekter – Energie anmahnt. Das ist bündnisgrüne Realpolitik par excellence.

Es war also nur eine Frage der Zeit, bis sich ein neuer Verband als Stachel im Fleisch der Etablierten gründen würde. In welche Richtung sich der VLAB und eine mögliche bundesweite Alternativorganisation zu BUND, NABU und Co. entwickeln werden, muss sich erst herauskristallisieren. Bislang ist der VLAB eher ein Sammelbecken der Unzufriedenen, vor allem von Windkraftgegner(inne)n sowie klassischen Landschafts- und Artenschützer(inne)n, die sich mit ihren Interessen vom BUND und den anderen etablierten Organisationen im Stich gelassen fühlen. Darunter wohl auch der eine oder die andere Atomkraftbefürworter(in) oder Klimaskeptiker(in) sowie sogenannte Nimbys – die Abkürzung steht für „Not in my Backyard" –, also Menschen, die Windräder vor allem nicht vor der eigenen Haustür sehen wollen. Wobei es sicher nicht verwerflich ist, wenn man um die persönliche Idylle fürchtet oder den drohenden Wertverlust des Eigenheimes durch einen Windpark antizipiert.

Wie die politischen Parteien drücken sich auch die etablierten Umweltverbände vor einer unangenehmen Wahrheit: Die Energiewende ist ein gigantischer Selbstbetrug. Sie ist nicht der erhoffte Befreiungsschlag, sie ist im Kern kein ökologisches Projekt und sie ist auch kein Meilenstein auf dem Weg zu einer „grünen" Ökonomie, in der man ohne schlechtes Gewissen weiter unbegrenzt konsumieren kann. Die gibt es nur, wenn sich die Gesellschaft endlich auf ein Weniger besinnt.

Anmerkung

(1) www.bmwi.de/DE/Themen/Energie/Energiedaten-und-analysen/arbeitsgruppe-erneuerbare-energien-statistik,did=629806.html

Zum Autor

Georg Etscheit, geb. 1962, studierte Journalistik, Politische Wissenschaft und Geschichte Osteuropas, volontierte und arbeitete bei der Deutschen Presse-Agentur und ist seit 2000 freier Journalist und Autor.

Kontakt

Georg Etscheit
Zentnerstr. 15
D-80798 München
Fon ++49/(0)89/18 95 47 33
E-Mail etscheit@gute-geschichten.de

Ökodörfer als Pioniere der Transformation

Das gute Leben kultivieren

Von Marcus Andreas

Es gibt keine stichhaltige Definition eines Ökodorfes oder eines Ecovillage. Man erkennt sie vielmehr an ihrem Anspruch, wie er beispielsweise in der klassischen Definition des Ökodorfforschers Robert Gilman zum Ausdruck kommt: „a human-scale, full-featured settlement, in which human activities are harmlessly integrated into the natural world, in a way that is supportive of healthy human development, and can be successfully continued into the indefinite future." (1) Existierende Ökodörfer können und konnten dieser Vision nicht gerecht werden. Dennoch stehen die meisten glaubwürdig für die Utopie eines grundlegenden Wandels ein.

Ökodörfer sind streng genommen keine Dörfer: Mit Ausnahme von Damanhur in Italien oder Findhorn in Schottland erreichen sie die entsprechenden Bewohnerzahlen selten. Im deutschen Vorzeige-Ökodorf „Sieben Linden" leben derzeit etwa 140 Menschen, perspektivisch sollen es 250 bis 300 werden. Insofern sollte man ehrlicherweise von einem Ökoweiler sprechen. Das Dorf als Motiv hält sich allerdings hartnäckig, wie auch bei Transition Towns. Der alte Traum vom guten Leben auf dem Lande scheint hier durch.

Neben der Größe sind auch Aufbau und Ausrichtung verschieden. Nach Gilman handelt es sich bei Ökodörfern „eher um ein Netzwerk von Menschen und Gruppen, die eine Idee umsetzen möchten, als um Dörfer." (2) Dies wird umso deutlicher in städtischen Ökodorf-Projekten wie dem Los Angeles Ecovillage, das dort zwei Straßenzüge in Los Angeles ausfüllt. In der Ökodorf-Szene ist zumeist von „Gemeinschaften" oder genauer „intentionalen Gemeinschaften" die Rede. Der Terminus bezeichnet den bewussten Versuch, ein gemeinsames Leben zu führen – alternativ zu den gegebenen Verhältnissen. (3) Damit setzen Ökodörfer eine lange Tradition fort.

Die Anfänge

Als direkter Vorläufer gilt die Kommune-Bewegung seit den 1960er-Jahren. In Deutschland markierte der gewaltfreie Widerstand im Hüttendorf der „Freien Republik Wendland" 1980 den Anfang. In den USA und Dänemark entwickelten sich (aus den dortigen Cohousing-Ansätzen) weitere Initiativen. Die Forderung nach Ökodörfern tauchte auch im ersten Wahlprogramm der westdeutschen Grünen von 1983 wieder auf. Als selbstversorgende Landkommunen sollten sie dort gegen Arbeitslosigkeit und Sozialabbau wirken und Theorie und Praxis sinnig vereinen. Dies könne „nur in Gemeinschaften gelingen, in denen sich ganzheitliche Lebensbezüge herstellen lassen".

1992 erhoben die Staaten in Rio nachhaltige Entwicklung zur gemeinsamen Maxime. Drei Jahre später wurde das Global Ecovillage Network (GEN) gegründet und 1996 auf der UN Habitat II vorgestellt - der GEN-Geschichtsschreibung zufolge mit der größten und eindrücklichsten NGO-Präsenz vor Ort. Die auf der Rio-Konferenz verabschiedete Agenda 21 sah vor, dass sich die internationale, „höchste politische Ebene" nun „der drängendsten Probleme der heutigen Zeit" annehmen würde. Doch zugleich war die Beteiligung vor Ort entscheidend, die sich in zahlreichen lokalen Agenden 21 ausdrückte. Auch Ökodörfer formulierten ihre eigenen, durchaus selbstbewussten Agenden: „Klimawandel, Verstädterung, Wirtschaftskrisen – im Ökodorf Sieben Linden entwickeln und erproben die Bewohner Antworten auf die drängenden Fragen unserer Zeit." (4)

Beispiel Sieben Linden

In Sieben Linden fallen zuerst die ökologisch orientierten Strukturen und Prozesse auf: von der reichhaltigen vegetarischen oder veganen Ernährung bis zu den Komposttoiletten; vom dreistöckigen Lehmstrohballen-Bauhaus bis zur Erweiterung des gemeinschaftlichen und zur Beschränkung des individuellen Wohnraums (auf etwa 16,5 Quadratmeter); von praktizierter Suffizienz und Effizienz bis zur Konsistenz, im Sinne einer versuchten „ganzheitlichen" Lebensweise. In einer CO_2-Fußabdruckstudie aus dem Jahr 2002 erreichten die Ökodörfler(innen) damit Werte, die knapp unter einem Drittel des Bundesdurchschnitts liegen.

Viel Aufmerksamkeit liegt auf dem sozialen Miteinander in Sieben Linden: „Wir sind ein Dorf, was erstens was Gemeinsames vorhat und zweitens sehr viel Wert auf die Beziehung und die Kommunikationskultur legt" (5), heißt es. Biotop und Soziotop sollten ineinandergreifen. Dabei tauscht man sich über alle relevanten Themen aus, von Terra Preta bis zu Liebesbeziehungen. Interessant ist die – vereinfacht dargestellt – Zweiteilung des Entscheidungs- und Kommunikationssystems: Für sachbezogene Entscheidungen sind Räte, Kleingruppen oder die Vollversammlung zuständig; sie werden durch persönlich geprägte Kommunikationsformate ergänzt, die Austausch und nicht zuletzt Transparenz unter den Individuen und ihren Beziehungen herbeiführen sollen (mit dem „Forum" als prominentestem Format).

Wichtig ist dabei, dass beiden Sphären eine ähnliche Wertschätzung entgegengebracht wird (und nicht etwa „sachlich" vor „persönlich" regiert). Diese Trennung im Kommunikations- und Entscheidungssystem zeigt die Anerkennung und Würdigung des Privaten als auch des Politischen auf. Die getrennten, aber aufeinander bezogenen Sphären bilden zusammengenommen einen Erfolgsfaktor von Sieben Linden. Nachteilig kann dies, um einen alten soziologischen Buchtitel zu bemühen, als „Tyrannei der Intimität" erlebt werden. Als positiv gilt, dass sich so der Einfluss versteckter Motive („hidden agendas") in Entscheidungsprozessen verringert und diese effizienter verlaufen. Und welches (Öko-)Dorf wird schon von seinen Bewohner(inne)n als „Gewächshaus des Vertrauens" bezeichnet?

Der ökonomische Zuschnitt bleibt in den sozial-ökologischen Modellprojekten oft unterbelichtet. „Landkommunen" wie Sieben Linden weisen einen hohen Grad an Autonomie auf, sind aber nicht autark. Ökonomisch (wie auch sozial) setzen viele sozialökologische Gemeinschaften größtenteils auf ihre Gäste, die ihre alternativen Bildungs- und

Erholungsangebote in Anspruch nehmen. So stützt sich Sieben Linden auf seinen breiten Besucherstrom (mit bis zu 6.000 Übernachtungen pro Jahr), dem es auch die Inhalte anvertraut, die das Ökodorf in die Gesellschaft vermittelt sehen möchte.
Es bleibt eine Herausforderung, sich auch vor Ort in der Region einzubinden und dort gemeinsam tragfähige ökonomische Formate zu entwickeln. Die größte Stärke von Ökodörfern liegt in der Fokussierung auf die kulturelle Dimension von Nachhaltigkeit. Kultivierung meint in diesem Zusammenhang einen gestalterischen Prozess, in dem die Herausforderung, überkommene Normen, Werte und Praktiken in allen Bereichen zu revidieren, alltäglich angegangen wird. Ein enger Zusammenhang besteht zum Motiv des guten Lebens. Damit entsteht auch eine politische Dimension, beziehungsweise erfordert eine Positionierung.
Der Wissenschaftliche Beirat Globale Umweltveränderungen (WBGU) fordert für die anstehende Große Transformation Experimentierfelder für ein anderes gesellschaftliches Zusammenleben auszuloten. „Pioniere des Wandels", die weitgehend im Einklang mit alternativen Werten handeln, würden „bezeugen, dass eine Transformation zur Nachhaltigkeit möglich ist und gesellschaftliche Spielräume für die Umsetzung der entsprechenden Werte und Positionen in konkrete Handlungen existieren." (6) Aber was impliziert die Pionierrolle? In den 1990er-Jahren positionierten sich Ökodörfer noch als Modelle nachhaltiger Entwicklung, gewissermaßen als Speerspitzen des Wandels. Nach dem Millennium bröckelte diese Selbsteinschätzung. Ist die Gründung von Ökodörfern an sich bereits kräftezehrend, wurde sie auch formell und finanziell zunehmend schwieriger. Darüber hinaus stellte sich die Frage nach der Sinnhaftigkeit. Ökodörfer sind beeindruckende Orte, aber gelingt es ihnen, über ihre Lokalität hinaus eine nachhaltige Regional- oder Stadtentwicklung zu inspirieren? Die 2007/2008 aufgekommenen Transition Towns oder auch die Neue Gartenbewegung zeigen beispielsweise leichter zugängliche Wege für mehr Gemeinschaftlichkeit und Ökologie auch in der Stadt auf. Die Gesellschaft verändert sich und es bleibt die Frage, welche transformative Position Ökodörfer einnehmen werden.

Anstoß zur Mobilisierung

Die Ökodorf-Szene konfiguriert sich europaweit neu, durch Allianzen wie das Baltic Sea Ecovillage Network oder ECOLISE (European Network for Community-Led Initiatives on Climate Change and Sustainability) als Graswurzel-Lobbyorganisation in Brüssel; in Deutschland trägt das Umweltbundesamt (UBA) durch Projekte wie „Ökodörfer als Modelle gelebter Nachhaltigkeit" zu ihrer Neupositionierung bei. Mit dem Vorhaben stellt das UBA laut die Frage, wie sich über soziale Innovationen, etwa in Form von Ökodörfern, transformative Hebeleffekte erreichen lassen.
In den aus dem UBA-Projekt hervorgegangenen Empfehlungen warnt der Autor Julio Lambing vor einer zu weit gehenden Instrumentalisierung. Dagegen betont er die Würdigung zivilen Engagements und der Solidarität: „Wer also die Ausstrahlungskraft der sozialökologischen Gemeinschaften zur Illustration nachhaltiger Lebensstile steigern will, tut also gut daran, die ehrenamtlichen Belastungen nicht noch zu erhöhen, son-

dern das allgegenwärtige gemeinnützige Engagement zu erleichtern - sei es durch finanzielle Förderung, durch personelle Hilfestellungen [...] oder durch Ressourcen wie Treffpunkte, Gebäude, Land." (7) In den Niederlanden erhielt etwa das Ökodorp Boekel jüngst Unterstützung und Freiräume in den Regularien seitens des Infrastruktur- und Umweltministeriums.

Ökodörfer wie Sieben Linden sollten nicht als Modelle zur direkten Nachahmung verstanden werden, sondern als Anstoß zur Mobilisierung dienen. Ihre Wertegemeinschaften sind zu exklusiv und ihr lokaler Ansatz zu stark eingeschränkt für die große Vorbildrolle. Aber Experimente wie Sieben Linden sind dringend vonnöten, denn sie positionieren sich erfolgreich wider die Alternativlosigkeit. Dabei kultivieren sie Räume für (Gemeinschafts-)Erfahrungen, die eine kreative Sukzession ermöglichen. Wir alle sind aufgefordert, den nächsten Schritt zu gehen - sei es auf dem Land, im Kiez oder an anderen, unerwarteten Orten.

Anmerkungen

(1) „Ein Ökodorf ist eine voll ausgestattete Siedlung nach menschlichem Maß, in der sich die Aktivitäten des Menschen schadlos in die natürliche Welt einfügen, auf eine Art, die eine gesunde menschliche Entwicklung unterstützt und auf unbestimmte Zeit erfolgreich fortgeführt werden kann." Gilman, Robert: The Eco-village Challenge. In: Context 29/1991, S. 10. www.context.org/ICLIB/IC29/ Gilman1.htm

(2) Robert Gilman zit. in Kunze, Iris (2009): Soziale Innovationen für eine zukunftsfähige Lebensweise. Gemeinschaften und Ökodörfer als experimentierende Lernfelder für sozial-ökologische Nachhaltigkeit. Münster, S. 56.

(3) „Ökodörfer sind aufgrund ihrer Größe und ihres expliziten Modellcharakters nur die herausgehobensten und anspruchsvollsten Beispiele jener intentionalen Gemeinschaften in westlichen Industriegesellschaften, die man als sozialökologisch bezeichnen kann." Aus: Lambing, Julio (2014): Ökologische Lebensstil-Avantgarden. Eine kurze Analyse sozialökologischer Gemeinschaften und ihres Innovationspotentials, S. 10. Download unter www.e5.org/projekte/wirtschaft-und-allmende/nachhaltige-lebensstile/studie-oekodoerfer

(4) Freundeskreis Ökodorf e.V. 2011: 2. Pressemappe.

(5) Andreas, Marcus (2015): Vom neuen guten Leben. Ethnographie eines Ökodorfes. Bielefeld, S. 182.

(6) Wissenschaftlicher Beirat Globale Umweltveränderungen (2011): Welt im Wandel. Gesellschaftsvertrag für eine Große Transformation. Berlin, S. 84.

(7) Vgl. Lambing a.a.O., S. 119 f.

Zum Autor

Marcus Andreas, geb. 1980, forschte als Ethnologe zu Ökodörfern, arbeitete am Rachel Carson Center for Environment and Society in München und am Centre for the Humanities in Utrecht. Aktuell ist er für die Politikberatungsfirma adelphi tätig.

Kontakt

Dr. Marcus Andreas
Schillerpromenade 5
D-12049 Berlin
E-Mail marcus.andreas@gmx.net

Prädisziplinäres Forschen und Gestalten im Horizont von Nachhaltigkeit

Die Bodenpflege des Humanen

Von Hildegard Kurt

Lange schon wird mit Blick auf Nachhaltigkeit der Wert inter- und transdisziplinären Arbeitens diskutiert. Könnte es sein, dass nun die Zeit gekommen ist, auch das Terrain eines prädisziplinären Forschens und Gestaltens ins Auge zu fassen? Was aber meint Prädisziplinarität? Und: Inwiefern beinhaltet sie ein erweitertes Verständnis von Wissenschaft wie auch von Kunst? Gegen Ende eines Jahres, das die Vereinten Nationen zum Internationalen Jahr des Bodens ernannt haben, bietet sich der Boden als Annäherung an das Terrain des Prädisziplinären. In der industriellen Landwirtschaft reichert man ihn auf chemischem Wege mit den Nährstoffen an, die ein gutes Pflanzenwachstum offenkundig braucht. Was aber lebendige Erde eigentlich ist, welche Mikroorganismen, welche Wirkstoffe in ihr aktiv sind, auf welche Weise ein guter, humushaltiger Boden einen informierten und informierenden Organismus darstellt: All das liegt nach wie vor zu großen Teilen buchstäblich im Dunkeln. Während zugleich insbesondere im Weinbau erfahrbar wird, dass die spezifische Beschaffenheit des Bodens – das Terroir – ganz entscheidend die Beschaffenheit dessen prägt, was auf ihm wächst.

In der einstigen Weltsprache Latein gehören „humus" und „humanus" derselben Wortfamilie an. Wobei Letzteres neben „menschlich", „menschenfreundlich" und „menschenwürdig" bemerkenswerterweise auch „fein gebildet" bedeutet. Fein gebildet in eben dem Sinne, wie es lebendige Erde ist: locker, durchlässig und Halt gebend zugleich, innen und außen verbindend, durchlüftet. Von daher lässt Prädisziplinarität sich als eine Bodenpflege des Humanen umschreiben. Prädisziplinäres Forschen und Gestalten beinhaltet Praktiken und Prozesse, die den Boden des Wahrnehmens, Denkens, Spürens und Kommunizierens auflockern, durchlässig machen, ihn fein durcharbeiten.

Erodierende Humanität

Denn was in der Industriemoderne dem Boden widerfuhr und ihm weiter widerfährt, findet in der Humansphäre seine Entsprechung: In der schulischen wie auch der höheren Bildung wird letztendlich nur den kognitiven Fähigkeiten eine konsequente Förderung zuteil. Während für die Moderne nahezu ausschließlich die Ratio Trägerin von Wissen und Erkenntnis ist, wird Menschlichkeit nur zu oft als voraussetzbar und unbegrenzt erachtet – genauso wie man das allzu lange mit Blick auf die Ressourcen der außermenschlichen Natur, zum Beispiel der lebendigen Erde tat. Das „fein Bilden" unserer „humana", das heißt unserer spezifisch menschlichen Fähigkeiten und Eigenschaften, bleibt in einer durchrationalisierten, ökonomisierten Welt eher dem Zufall überlassen. Kann das ohne Folgen bleiben? Scheint es gegenwärtig nicht mitunter, als schwinde überall in der Welt die Humanität so, wie in großem Maßstab der Humus erodiert? Sollten die Vereinten Nationen nicht dringend auch ein Internationales Jahr der Humanität ausrufen?

„Draußen hinter den Ideen von rechtem und falschem Tun liegt ein Acker. Wir treffen uns dort". Damit wies der islamische Dichter und Philosoph Rumi schon im 13. Jahrhundert auf das Terrain der nun nicht mehr aufschiebbaren „Großen Arbeit" hin, nämlich des pflegenden Durcharbeitens unserer humana. Nach gut drei Jahrhunderten Aufklärung bedeutet ein solches Kultivieren für die westlich geprägte Welt wohl zuallererst, über die bloße Ratio hinaus Quellen von Wissen und von Erkenntnis freizulegen. Damit bewusstes Sein in die Welt kommen kann.

In den letzten Jahren hat rund um den Globus und aus immer mehr Kontexten heraus eine Suchbewegung hin zu Rumis Acker eingesetzt. Spuren dessen sind Ideen und Konzepte wie die Theorie U, Emergenz, Wir-Intelligenz, Collective Leadership, Ko-Kreativität, Potenzialentfaltung, kontemplative Forschung, Gewaltfreie oder Transparente Kommunikation oder auch die aus der Kunst stammende Idee der Sozialen Plastik. Noch nehmen sich derlei Ansätze als mehr oder weniger verwandt, aber doch weitgehend einzeln wahr und werden auch von außen so angesehen. Vor diesem Hintergrund könnte der Begriff Prädisziplinarität hilfreich sein. Denn er lässt die genannten Ansätze als Ausprägungen eines Feldes erkennbar werden – eines sich im Menschen und mit ihm äußernden Feldes primärer, schöpferischer Lebendigkeit, eines Feldes, das alle miteinander, aber auch mit der ganzen lebendigen Welt teilen, und das vielfältige Nachhaltigkeitsakteure mit je eigenen Werkzeugen zu bestellen suchen. Rumi spricht ja wohlgemerkt nicht von einer Wüste, in der wir uns treffen. Sondern von einem Acker, einem Terrain also, das bearbeitet und gepflegt werden will, um dadurch Fruchtbarkeit zu entfalten.

Mithin ließe Prädisziplinarität sich wie folgt skizzieren: Sie handelt davon, individuell, aber vor allem auch gemeinschaftlich das In-der-Welt-Sein zu ent-automatisieren, auf Wegen eines inneren Selbstaktivierens nach Erkenntnis zu suchen, aufzumerken, gewärtig zu werden, mehr Bewusstheit in das Wahrnehmen und von da aus in die Qualitäten des Denkens, Kommunizierens, Tuns zu bringen.

Daher findet prädisziplinäres Arbeiten in einer Erkenntnissphäre diesseits der Trennung von Theorie und Praxis statt. Der griechische Ursprung des Begriffs Theorie – „théa", das „Anschauen" – verweist darauf. Theorie und Praxis sind hier insofern eins, als Erkenntnis aus einer gesteigerten, verdichtenden Wahrnehmungspraxis entsteht. Und damit beinhaltet Prädisziplinarität im Kern sowohl ein erweitertes Verständnis von Wissenschaft als auch von Kunst.

Jedes Was ist vom Wie geprägt

Auf dem Terrain der Kunst ist nicht zuletzt der Maler Paul Klee richtungsweisend. Als Meister am historischen Bauhaus schärfte er seinen Studierenden ein: Um auf welchem Arbeitsfeld auch immer etwas wirklich und tragfähig Neues in die Welt zu bringen, komme es darauf an, weniger an den „Form-Enden" anzusetzen als vielmehr so weit wie nur möglich an den „formenden Kräften". Die Form-Enden sind da, wo etwas fertig, bestimmt, definiert, erklärt, systematisiert ist.

In der gesellschaftlichen und politischen Arbeit stehen - auch in Fragen der Nachhaltigkeit - gewöhnlich die Form-Enden, nämlich die jeweiligen Themen und Inhalte, im Fokus. Doch zeigt sich zunehmend die Bedeutung der allen Inhalten vorgelagerten Fragen des Wie. Denn jedes Was ist entscheidend vom Wie geprägt: von der Beschaffenheit des zugrunde liegenden Sehens, Hörens, Spürens, Denkens, Begegnens, Kommunizierens - der formenden Kräfte. Mit Prozessen wie einem aktiven Zuhören und aktiven Sehen, dem dialogischen Prinzip, dem bildhaften Denken oder dem Kultivieren von Unschärfe führt prädisziplinäres Forschen und Gestalten in diesen Quellbereich.

Auch Joseph Beuys, auf den die griffige, aber im Grunde nach wie vor rätselhafte Formel „Jeder Mensch ist ein Künstler" zurückgeht, verweist auf die Sphäre des Prädisziplinären, wenn er erklärt, worauf es ankomme, sei, von der Ursprungsstätte aus zu arbeiten: „Alles, was an Neuem auf der Erde sich vollzieht, muss sich durch den Menschen vollziehen. Es wird sich aber nicht vollziehen können, wenn die Quelle verstopft ist, das heißt wenn der Anfang formlos ist. Also ich verlange eine bessere Form des Denkens, des Fühlens und des Willens". Dies seien die primären Werkstoffe allen Gestaltens.

Ein erweitertes Verständnis von Wissenschaft beinhaltet Prädisziplinarität insofern, als sie erkenntnistheoretische Schlussfolgerungen aus den Entdeckungen der Quantenphysik zu ziehen sucht. Etwa aus dem empirisch nachweisbaren Befund, wonach in der feinsten Auflösung der manifesten Welt alles Stoffliche sich als Beziehungsprozess erweist, mit Merkmalen wie dem Paradox, der Bewegung und der Potenzialität. Die distanzierenden, machtförmigen Erkenntniswege bloßer Rationalität dürften dem kaum gewachsen sein. Prädisziplinarität integriert die Befunde der - schon nicht mehr wirklich neuen - Physik, indem sie durchlässigere, offenere, kreative Erkenntnisformen erkundet und praktiziert.

Wenn wir, wie etwa der Physiker und Philosoph Hans-Peter Dürr immer wieder betonte, alle „Akteure der Schöpfung" sind, indem wir in jedem Moment durch das Wie unseres Wahrnehmens dazu beitragen, dass mehr Verdinglichung oder mehr Lebendiges entsteht: Muss dann nicht auch und gerade die Wissenschaft ihre noch allzu oft unhinterfragten Wahrnehmungsraster und Denkgewohnheiten neu in den Blick nehmen?

Mitschöpfer einer ökologisch und sozial gerechteren Welt

Prädisziplinarität ist also etwas anderes als Propädeutik, die in die Vorkenntnisse zu einem wissenschaftlichen Studium einführt. Vielmehr zielt prädisziplinäres Arbeiten darauf, mithilfe kreativer Methoden Bewusstwerdungen auszulösen: Prozesse, die dazu befähigen, diesseits und jenseits von Theorien, Meinungen und Positionen die „Linsen" zu sehen, mit denen man in der Welt unterwegs ist. Prädisziplinarität findet in einem inneren Raum statt, in dem es, mit der Künstlerin und Beuys-Schülerin Shelley Sacks gesprochen, möglich wird, die eigene Haltung, die eigenen Annahmen, Wahrnehmungsmuster und mentalen Konditionierungen so zu betrachten, wie ein(e) Künstler(in) es mit einem Klumpen Ton, einem Stück Holz oder irgendeinem anderen Material tut.

Vielleicht zeigt sich einem dabei, dass man ständig urteilt, als sei das natürlich und normal. In Gesellschaften voller Form-Enden ist das auch so. Der Dichter Hölderlin sah in „urteilen" eine Ur-Teilung zwischen einem selbst und der lebendigen Welt. Indem ich beginne, mich selbst mit einem ruhigen, offenen, auf Erkennen ausgerichteten Blick zu betrachten, identifiziere ich mich über kurz oder lang nicht mehr mit meinen mentalen Gewohnheiten. Ich erlange, um beim Beispiel zu bleiben, die Freiheit, anstelle des Urteilens eine Haltung des Staunens zu kultivieren – als Portal zu den „formenden Kräften". Damit führt Prädisziplinarität auf ein Terrain primärer Freiheit, wo wir in der Tat alle zu Künstler(innen) unserer selbst und von da aus zu schöpferisch Mitgestaltenden einer ökologisch und sozial gerechteren Welt werden können.

Zur Autorin

Hildegard Kurt, geb. 1958, ist Kulturwissenschaftlerin, Autorin und Mitbegründerin des und.Instituts. Mit dem Programm „Erkundungsreisen in Kulturen der Lebendigkeit" lädt es zur „Bodenpflege des Humanen" ein:
www.cultures-of-enlivenment.org

Kontakt

Dr. Hildegard Kurt
und.Institut für Kunst, Kultur und Zukunftsfähigkeit e.V.
Koburger Str. 3, D-10825 Berlin
Fon ++49/(0)30/782 74 12
E-Mail h.kurt@und-institut.de
www.und-institut.de

Haben Sie eine der letzten Ausgaben verpasst? Bestellen Sie einfach nach!

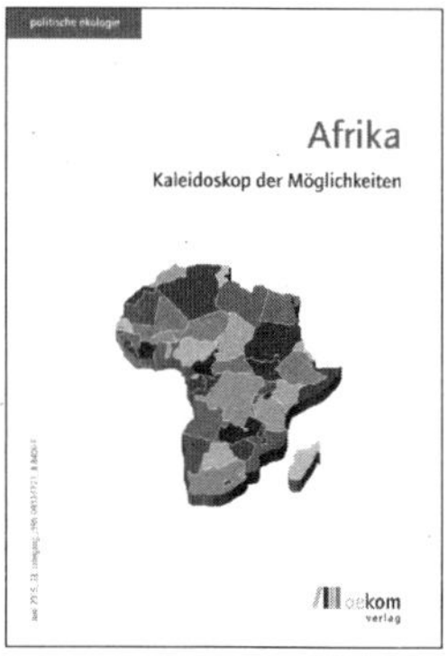

pö 141 **Afrika**
Kaleidoskop der Möglichkeiten.
17,95 €

pö 139 **Klimaschutz**
Neues globales Abkommen in Sichtweite? *17,95 €*

pö 134 **Lateinamerika**
Zwischen Ressourcenausbeutung und „gutem Leben" *16,95 €*

Das Gesamtverzeichnis finden Sie im Internet unter **www.politische-oekologie.de**
E-Mail neugier@oekom.de

Impressum

politische ökologie, Band 143
Nachhaltige Entwicklungsziele.
Agenda für eine bessere Welt?
Dezember 2015
ISSN 0933-5722, ISBN 978-3-86581-757-0
Verlag: oekom Gesellschaft für ökologische Kommunikation mbH
Waltherstraße 29
D-80337 München
Fon ++49/(0)89/54 41 84-0, Fax -49
E-Mail obermayr@oekom.de
Herausgeber: oekom e. V. – Verein für ökologische Kommunikation,
www.oekom-verein.de
Chefredaktion: Jacob Radloff (verantwortlich)
Stellvertr. Chefredaktion: Anke Oxenfarth (ao)
Redaktion: Helena Obermayr (CvD)
Redaktionelle Mitarbeit: Marion Dörr (md), Lorena Heilmaier (lh)
Schlusskorrektur: Claudia Mantel-Rehbach
Gestaltung: Lone Birger Nielsen, E-Mail nielsen.blueout@gmail.com
Anzeigenleitung/Marketing:
Tabea Köster, oekom GmbH (verantwortlich)
Fon ++49/(0)89/54 41 84 35
E-Mail anzeigen@oekom.de
Bestellung, Aboverwaltung und Vertrieb:
InTime Media Services GmbH
Zeitschriften oekom, Postfach 1363, D-82034 Deisenhofen
Fon ++49/(0)89/858 53 -570, Fax -62570
E-Mail oekom@intime-media-services.de

Vertrieb Bahnhofsbuchhandel: VU Verlagsunion KG,
Messberg 1, D-20086 Wiesbaden
Druck: Kessler Druck + Medien,
Michael-Schäffer-Str. 1, D-86399 Bobingen
Gedruckt auf 100%igem Recycling-Papier.
Bezugsbedingungen: Die *politische ökologie* erscheint vier Mal im Jahr. Ein Abonnement kostet für Institutionen und Organisationen 112,35 €, für Privatpersonen 64,70 € und für Studierende ermäßigt (gegen Nachweis) 53,50 €. Alle Preise zzgl. Versandkosten. Das Abonnement verlängert sich automatisch, wenn es nicht 6 Wochen vor Ablauf schriftlich gekündigt wird. Einzelheftpreis: 17,95 €. Außerhalb Deutschlands zzgl. Versandkosten.
Konto: Postbank München, IBAN DE59 7001 0080 0358 7448 03; BIC PBNKDEFF. Nachdruckgenehmigung wird nach Rücksprache mit dem Verlag in der Regel gern erteilt. Voraussetzung hierfür ist die exakte Quellenangabe und die Zusendung von zwei Belegexemplaren. Artikel, die mit dem Namen des Verfassers/der Verfasserin gekennzeichnet sind, stellen nicht unbedingt die Meinung der Redaktion dar. Für unverlangt eingesandte Manuskripte sind wir dankbar, übernehmen jedoch keine Gewähr.
Bildnachweise: Titel, S. 14/15 www.un.org; S. 17 Wikimedia; S. 41, 75 Fotolia; S. 145 D. Hiß

Die Deutsche Nationalbibliothek – CIP-Einheitsaufnahme. Ein Titeleinsatz für diese Publikation ist bei der Deutschen Nationalbibliothek erhältlich.

Vorschau

Bergbau

politische ökologie (Band 144) - März 2016

Von wegen rohstoffarmes Land! Rund drei Viertel der in Deutschland benötigten mineralischen Rohstoffe kommen aus heimischen Lagerstätten. Der Gewinnung von Braunkohle, Steinsalz, Kalkstein oder Gips kommt eine große wirtschaftliche Bedeutung zu. Den Rechtsrahmen für Aufsuchung und Abbau von Bodenschätzen setzt in Deutschland das Bergbaugesetz, das vor allem dazu dient, den Ressourcenhunger zu stillen; Umwelt- und Naturschutz oder individuelle Grundrechte finden nur wenig Beachtung.
Der Abbau von Rohstoffen greift jedoch drastisch in das Boden- und Gesteinsgefüge ein und zerstört Kulturlandschaften sowie Lebensräume für Tiere und Pflanzen. Und er birgt großes soziales Konfliktpotenzial; allein den großen Braunkohletagbauen mussten seit 1945 in Deutschland über 300 Ortschaften. Das Bergbaugesetz konterkariert zudem die Ziele der Klima- und Energiepolitik, indem es einen hemmungslosen Raubbau an begrenzten Ressourcen befeuert, anstatt Anreize zu ihrer schonenden Nutzung zu setzen und die Kreislaufwirtschaft zu fördern. Noch wagt es die Regierung nicht, das als antiquiert geltende Bergrecht umfassend zu reformieren. Mit dem aktuellen Gesetzgebungsprozess zum Fracking verpasste sie auch die Chance, den Vorrang des Rohstoffabbaus vor allen anderen Interessen zu beenden.
Die Autor(inn)en der *politischen ökologie* spannen den politischen und rechtlichen Rahmen für den Bergbau in Deutschland auf. Sie eruieren, ob es nachhaltige Ressourcenförderung überhaupt geben kann und beschreiben die elementaren Bestandteile eines modernen Bergrechts für das 21. Jahrhundert.

Die *politische ökologie* (Band 144) erscheint im März 2016 und kostet 17,95 €

ISBN 978-3-86581-759

LN-Dossier 13 // Dezember 2015

LATEIN AMERIKA NACHRICHTEN

fdcl

NEUES DOSSIER

IN DER AKTUELLEN AUSGABE

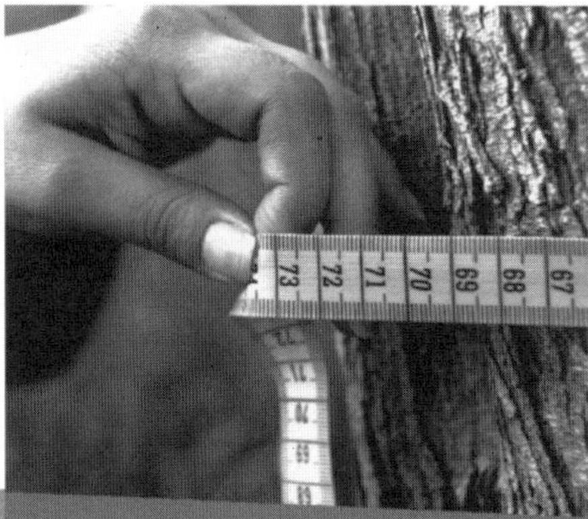

GREEN GRABBING UND BIOÖKONOMIE IN LATEINAMERIKA

LAND, WALD UND WASSER IM VISIER VON KLIMASCHUTZ UND PROFIT

10 mal jährlich
aktuelle Berichte, Reportagen, Kommentare und Interviews zu Politik, Gesellschaft und Kultur in Lateinamerika

LATEIN AMERIKA NACHRICHTEN
// Die Monatszeitschrift

PROBEABO

// 3 Monate lesen für 10 Euro
// endet automatisch

abo@LN-Berlin.de // www.lateinamerika-nachrichten.de

Kapp-Forschungspreis für Ökologische Ökonomie

Ausschreibung 2016

Der *Kapp-Forschungspreis für Ökologische Ökonomie* richtet sich an junge Wissenschaftlerinnen und Wissenschaftler im deutschsprachigen Raum und soll Studien zur Ökologischen Ökonomie fördern. Für die Ausschreibung 2016 lautet die übergeordnete Themenstellung erneut:

»Wirtschaft ohne Wachstum«

Von Interesse sind wissenschaftliche Beiträge, die sich den Wachstumsursachen und -zwängen moderner Ökonomien, der Vereinbarkeit wirtschaftlichen Wachstums mit nachhaltiger Entwicklung sowie den Merkmalen und möglichen Funktionsweisen einer Wirtschaft ohne Wachstum widmen.

Berücksichtigt werden folgende Kategorien von Arbeiten:

1. Dissertationen und Habilitationsschriften.
2. Diplom- und Masterarbeiten (keine Bachelorarbeiten).
3. Wissenschaftliche Aufsätze, die einen Umfang von 50.000 Zeichen nicht überschreiten; diese können auf Dissertationen oder Habilitationen beruhen, müssen es aber nicht.

Die Veränderungen, die für eine Wirtschaft ohne Wachstum erforderlich sind, können kaum aus einer rein wirtschaftswissenschaftlichen Perspektive allein begründet werden; deshalb sind inter- und transdisziplinär angelegte Arbeiten (in deutscher oder englischer Sprache) bei diesem Thema besonders naheliegend.

Das Preisgeld wird auf maximal zwei Preisträger/-innen verteilt und beträgt insgesamt

5.000 Euro

Interessierte erhalten die Bewerbungsunterlagen über die Geschäftsstelle des Kapp-Forschungspreises (Adresse siehe unten). Die Bewerbungsfrist endet mit dem

1. März 2016

Die Preisträger werden von einer unabhängigen Jury ausgewählt. Der Rechtsweg ist ausgeschlossen.

Der Kapp-Forschungspreis wird gemeinsam ausgeschrieben von:

der Vereinigung für Ökologische Ökonomie (VÖÖ) e.V., der Hatzfeldt-Stiftung, der Kapp-Stiftung, der Selbach-Umwelt-Stiftung sowie der anstiftung.

Anforderung der Bewerbungsunterlagen
Dr. Manuel Schneider, Projektbüro ! *make sense* !,
Waltherstr. 29, D-80337 München
info@make-sense.org